MIX
Papier aus verantwortungsvollen Quellen
Paper from responsible sources
FSC® C105338

Ines Suckel

„… und dann ist nichts mehr freundlich."

Über die Kunst zu(m) Leben –
Aspekte des Copings
am Beispiel der Tagebuchaufzeichnungen einer
Krebserkrankung von Christoph Schlingensief

Bachelor + Master
Publishing

Suckel, Ines: „... und dann ist nichts mehr freundlich." Über die Kunst zu(m) Leben - Aspekte des Copings am Beispiel der Tagebuchaufzeichnungen einer Krebserkrankung von Christoph Schlingensief, Hamburg, Diplomica Verlag GmbH 2012
Originaltitel der Abschlussarbeit: Über die Kunst zu(m) Leben am Beispiel von Christoph Schlingensief: Aspekte des Copings bei Krebs

ISBN: 978-3-86341-321-7
Druck: Bachelor + Master Publishing, ein Imprint der Diplomica® Verlag GmbH, Hamburg, 2012
Zugl. Hochschule Darmstadt (h_da), Darmstadt, Deutschland, Bachelorarbeit, April 2012

Bibliografische Information der Deutschen Nationalbibliothek:
Die Deutsche Nationalbibliothek verzeichnet diese Publikation in der Deutschen Nationalbibliografie; detaillierte bibliografische Daten sind im Internet über http://dnb.d-nb.de abrufbar.

Die digitale Ausgabe (eBook-Ausgabe) dieses Titels trägt die ISBN 978-3-86341-821-2 und kann über den Handel oder den Verlag bezogen werden.

Dieses Werk ist urheberrechtlich geschützt. Die dadurch begründeten Rechte, insbesondere die der Übersetzung, des Nachdrucks, des Vortrags, der Entnahme von Abbildungen und Tabellen, der Funksendung, der Mikroverfilmung oder der Vervielfältigung auf anderen Wegen und der Speicherung in Datenverarbeitungsanlagen, bleiben, auch bei nur auszugsweiser Verwertung, vorbehalten. Eine Vervielfältigung dieses Werkes oder von Teilen dieses Werkes ist auch im Einzelfall nur in den Grenzen der gesetzlichen Bestimmungen des Urheberrechtsgesetzes der Bundesrepublik Deutschland in der jeweils geltenden Fassung zulässig. Sie ist grundsätzlich vergütungspflichtig. Zuwiderhandlungen unterliegen den Strafbestimmungen des Urheberrechtes.

Die Wiedergabe von Gebrauchsnamen, Handelsnamen, Warenbezeichnungen usw. in diesem Werk berechtigt auch ohne besondere Kennzeichnung nicht zu der Annahme, dass solche Namen im Sinne der Warenzeichen- und Markenschutz-Gesetzgebung als frei zu betrachten wären und daher von jedermann benutzt werden dürften.

Die Informationen in diesem Werk wurden mit Sorgfalt erarbeitet. Dennoch können Fehler nicht vollständig ausgeschlossen werden, und die Diplomarbeiten Agentur, die Autoren oder Übersetzer übernehmen keine juristische Verantwortung oder irgendeine Haftung für evtl. verbliebene fehlerhafte Angaben und deren Folgen.

© Bachelor + Master Publishing, ein Imprint der Diplomica® Verlag GmbH
http://www.diplom.de, Hamburg 2012
Printed in Germany

Inhalt   Seite

Christoph Schlingensief – Eine Annäherung 9
Überlegungen vorab 10
Um wen und worum geht es? 12
Aspekte des Copings bei Christoph Schlingensief 14
Krankheitsstadien und Bewältigung 16

I Verdacht auf Krebs und Entschluss zum PET 19
Schreiben zur Bewältigung von Ungewissheit 19
Über die Macht des Wortes 21
Hinwendung zur Religion 21
Wissenschaftlicher Exkurs „Religion und Psyche" 24
Den Tatsachen ins Auge sehen 25
Wissenschaftlicher Exkurs „Diagnostische Abklärung" 25
Ordnen – Klarsehen - Strukturieren 26
Wissenschaftlicher Exkurs „Sinn- und kohärenzorientierte Theorien" 27
Sich Gefühle zugestehen 27
Wissenschaftlicher Exkurs über das „Aushalten von Angst" 28
Pläne schmieden 30

II Diagnose: Adenokarzinom 31
Klarheit tut weh 31
Frage nach der Ursache 32
Wissenschaftlicher Exkurs „Ursachen von Krebs" / „Krebspersönlichkeit" 32
Im Strudel der Gefühle 35
Abwendung von Gott 35
Allgemeiner Überblick über Belastungen und Anforderungen nach der
Diagnosestellung 36

III MRT und Weiterbehandlung 37

„Demoralisierung" 38

Wissenschaftlicher Exkurs „Existentielle Belastung und sinnorientierte Interventionen" 38

Umdenken 39

Aktiv bleiben, um nicht zu leiden 39

Krankheit als Chance 40

IV Operation 41

Sehnsucht, alleine zu sein 41

„Abrechnung" mit den Eltern 42

Erneute Abwendung von Gott und Jesus 42

Auf Augenhöhe mit dem behandelnden Arzt 43

Wissenschaftlicher Exkurs „Hilflosigkeit, Kontrollverlust, Autonomieverlust" ... 43

Allgemeiner Überblick über Belastungen und Anforderungen während der Behandlungsphase 45

V Intensivstation 46

Akzeptanz des inneren Kindes 46

Wissenschaftlicher Exkurs „Wie das nicht beachtete Innere Kind in unser Leben wirkt" 48

VI Verlegung auf „Normal"station 50

Entschleunigen 50

Wissenschaftlicher Exkurs „Fatigue" 51

Natur erleben 52

Emotionalität und Spiritualität 53

Wissenschaftlicher Exkurs „Adaptives Coping und Spiritualität bei Krebspatienten" .. 53

VII Wieder Zuhause 55

Nachhause kommen ist nicht gleich „Ankommen" 55

Allgemeiner Überblick über Belastungen und Anforderungen während der Remission 56

VIII Chemotherapie 57

Ein Kind mit Aino 58
Sich die Freiheit nehmen, eine Klinik auszuwählen, die zu einem passt 58
Die Chemo beginnt 59

IX Diagnose erneuter Metastasen 61

Wissenschaftlicher Exkurs „Rezidiv (Rückfall)" 62
Allgemeiner Überblick über Belastungen und Anforderungen während der
Neuerkrankung (Rezidiv) 62

X Erfahrung von Endlichkeit 63

Allgemeiner Überblick über Belastungen und Anforderungen während des
fortgeschrittenen Krankheitsstadiums 64
Worüber wir nachdenken sollten 65
Coping – Entwicklung und Tendenzen 65
Psychoonkologie und Coping 66
Was bleibt für mich... 68
Christoph Schlingensief 69

Erläuterung verwendeter Begriffe 73
Literatur 77
Verwendete Internet-Links 79

> *"Kunst ist der Notschrei jener,*
> *die an sich das Schicksal der Menschheit erleben.*
> *Die nicht mit ihm sich abfinden,*
> *sondern sich mit ihm auseinandersetzen.*
> *Die nicht stumpf den Motor >dunkle Mächte< bedienen,*
> *sondern sich ins laufende Rad stürzen,*
> *um die Konstruktion zu begreifen.*
> *Die nicht die Augen abwenden, um sich vor Emotionen zu behüten,*
> *sondern sie aufreißen, um anzugehen, was angegangen werden muss. [...]*
> *Und innen, in ihnen, ist die Bewegung der Welt,*
> *nach draußen dringt nur der Widerhall: das Kunstwerk."*
>
> *Arnold Schönberg (In: Korallenstock. Kunsttherapie und Kunstpädagogik im Dialog)*

Christoph Schlingensief – Eine Annäherung

Noch immer bin ich sehr bewegt über Christoph Schlingensiefs Tod. Dieser Tod, der - wie mir scheint - sich zu einer Art „Projekt" entwickelte, welches nicht aufhört uns „anzurühren" oder mehr noch, welches dem Krebs Schlingensiefs letztlich den Garaus machte. Dieser Tod, der in seiner ganzen Überflüssigkeit wichtig und in seiner ganzen Unwirklichkeit wahr ist, wird nicht aufhören mich zu bewegen.

Nicht weniger als sein Tod berührt mich die Art, wie er das Leben mit beiden Händen schnappte, es rüttelte, streichelte, verfluchte, liebkoste, umher wirbelte, darin badete, Freudentänze darin vollführte ...

Mir scheint, als sei eben diese unbändige Lust am Leben das, was verhinderte, dass der Krebs ihn vollends auffressen konnte. Etwas von ihm lebt nämlich über seinen Tod hinaus weiter; unantastbar, aufwühlend und lebendiger als zuvor. So als hätte er dem Tod „ein Schnippchen geschlagen", indem er, bevor er ging, kleine Stücke von sich überall hin verpflanzte. Kleine Stücke in Form derer er jetzt „weiterblüht", nämlich in seinen Projekten, in den Menschen, die er liebte, die ihn lieben, so auch ein Stück weit in mir.

Als ich sein Buch las, musste ich oft weinen, aber genauso oft wurde mir auch warm vor Freude.

Und schließlich blitzte da die Idee in mir auf, etwas Besonderes tun zu wollen - einfach in Erinnerung an einen besonderen Menschen, der mich – auch, wenn ich ihn nie persönlich erlebte – aufrüttelte und mir – die ich noch lebe - ein Stück Lebenslust einhauchte.

Für dieses Stück „Freude am Leben" widme ich ihm diese Bachelorarbeit.

*„Auf dass die kreisenden Gedanken
endlich ihren Grund finden"*

(Christoph Schlingensief)[1]

Überlegungen vorab

Ich war geneigt, Ihnen liebe Leserin/ lieber Leser, eingangs die Frage zu stellen, wie Sie sich wohl fühlten, schleuderte man Ihnen an einem beliebigen Tag mit aller Wucht mitten in ihr derzeitiges Leben hinein die Diagnose, Sie seien an Krebs erkrankt, und zwar an einer Art Krebs, dessen Heilungschance ungewiss sei.

Vielleicht wäre dieser beliebige Tag ein sonniger gewesen. Einer mit dieser ganz besonderen Schwingung, die einen dazu verleitet, sich dem Gefühl hinzugeben, „die Welt gehört mir" oder „ich bin einfach unschlagbar". Kennen Sie solche Tage?

Dann stellen Sie sich vor, an genau einem solchen Tag gingen Sie zu einer Routineuntersuchung, die zunächst nichts Bedrohliches vermuten ließe. Dann aber der Knall! Die Diagnose! Sie sind raus! Raus aus Ihrer Lebensbahn! Mit einem Schlag sind Sie nicht mehr „unschlagbar", sondern „geschlagen".

Davon, Ihnen meine „Eingangsfrage" wirklich zu stellen, bin ich allerdings sehr schnell abgekommen. Warum? Nun, mir wurde klar, dass meine Intension, Sie dadurch auf Schlingensiefs „Achterbahnfahrt der Gefühle" während seiner Krebserkrankung einzustimmen, überflüssig ist; haben Sie sein Buch bereits gelesen, hat er Sie schon genügend eingestimmt. Falls nicht, gehört es zu einem der Ziele, die ich mit dieser Bachelorarbeit verfolge, „Sie mitfühlen zu lassen".

Außerdem wäre es wohl sehr schwierig, eine wirkliche Antwort auf meine eingangs erwähnte Frage zu finden. Das Vorstellungsvermögen von uns Nicht-direkt-Betroffenen - so denke ich - kann nicht sensibel, nicht umfassend genug sein, sich das Ausmaß der Diagnose „Krebs" in allen Einzelheiten ausmalen zu können. Das Wort „Krebs" für sich ist schon mit so viel Unbehagen, mit so starkem inneren Sträuben behaftet, dass letztlich ein uneingeschränktes „Sich-Einlassen", ein „Sich-Einfühlen", als sei man selbst betroffen, davon blockiert wäre.

Das Wertvollste und Wichtigste, was ich mit dieser Ausarbeitung erreichen kann, ist Ihnen, liebe Leserin/lieber Leser, Berührungsängste im Umgang mit Krebs – sofern vorhanden - zu nehmen. Ich möchte Sie einladen, sich der Problematik, die mit Krebs unweigerlich einhergeht, anzunähern und hinzuschauen (!).

---

[1] Schlingensief, Christoph: So schön wie hier kanns im Himmel gar nicht sein!; S. 8

Am Beispiel von Christoph Schlingensiefs „Tagebuch einer Krebserkrankung" möchte ich einerseits ein Bewusstsein schaffen für die Brüchigkeit eines jeden Lebens und dafür, wie umfassend das Leid ist, ist man plötzlich konfrontiert mit der existenziellen Bedrohung seiner eigenen Person und seiner gesamten Lebenswelt durch Krebs.

Andererseits ist mir sehr daran gelegen aufzuzeigen, wie der Mensch (in diesem Fall Christoph Schlingensief) selbst in einem Zustand tiefster Verzweiflung, Angst, Verletzlichkeit und Ungewissheit weiterlebt und dennoch das Leben liebevoll (vielleicht liebevoller als zuvor) anschaut und, was das Wichtigste ist, wie er einen Weg findet zu lernen, weiter zu leben.

Am Ende dieser Arbeit möchte ich Sie empfindsam, mutig, gestärkt, aufgeschlossen und zuversichtlich und ja, auch kampfeslustig zurücklassen.

Wir sollten Krebs mit aller Konsequenz begegnen, anstatt davor die Augen zu verschließen.

Wir (sowohl die Kranken als auch die Gesunden) sind Teil eines gemeinsamen „Überlebens"projektes. Schauen wir im Folgenden diese „Kunst zu(m) Überleben" näher an und lernen wir daraus.

„Sich selbst im Fallen zu begreifen ...
sich fallen zu lassen ist schwer"

(Christoph Schlingensief)[2]

Um wen und worum geht es?

Christoph Schlingensief ist bekannter Film-, Theater- und Opernregisseur, Aktions- und Installationskünstler. An einem Dienstag, am 22. Januar 2008, wird bei ihm Lungenkrebs diagnostiziert.

In Schlingensiefs Fall lief das Übermitteln der Diagnose folgendermaßen ab: Dr. Bauer, Internist der Klinik in Oberhausen, wo Schlingensief in Behandlung ist, erklärte ohne Umschweife, er würde gerne etwas anderes sagen, aber der Befund sei „große Scheiße" – ein Adenokarzinom[3].

Nun, wie geht man mit so einer Diagnose um, mit einer Diagnose, die das ganze bisherige Leben auf den Kopf stellt? Wie eine solche Nachricht „verdauen"?

Um an dieser Nachricht nicht zu ersticken, „verdaut" Christoph Schlingensief das, was ihn zu überwältigen droht sprechender- bzw. schreibenderweise. „Meine Gedanken aufzuzeichnen[...]", so erklärt er gleich zu Beginn, „[...] hat mir jedenfalls sehr geholfen, das Schlimmste, was ich je erlebt habe, zu verarbeiten und mich gegen den Verlust meiner Autonomie zu wehren."[4]

Er spricht mit sich selbst, mit Aino (seiner Liebe und späteren Ehefrau), spricht mit seinem verstorbenen Vater, mit seiner Mutter, mit Freunden und mit Gott. Sein „Tagebuch einer Krebserkrankung" soll – wie er im Vorwort seines Buches anmerkt – „keine Kampfschrift gegen die Krankheit Krebs sein", sondern vielleicht eine „für die Autonomie des Kranken und gegen die Sprachlosigkeit des Sterbens"[5]. Um die Gespräche aufzuzeichnen, benutzt er ein Diktiergerät.

Im Laufe dieser Arbeit möchte ich aufzeigen, wie er mit seiner Wut, seinem Trotz, seiner Trauer, seinen Ängsten, seiner Verzweiflung, seiner Ohnmacht, seiner Zuversicht, seiner Liebe, seiner Versöhnung, seinem Humor und schließlich mit seiner unbändigen Lebenslust, die durch seine Erkrankung massiv bedroht wird, umgeht.

Schritt für Schritt möchte ich das gesamte seelische Auf und Ab, welches ihn während seiner Krankheit rüttelt, umher wirbelt, quält und zeitweise droht zu zerreißen, begleiten und dabei erfahrbar machen, wie Schlingensief diesen „Supergau" zu etwas „Ertragbarem" macht.

---

[2] **Schlingensief, Christoph**: So schön wie hier kanns im Himmel gar nicht sein!; S. 41
[3] siehe **Glossar**, Seite 68 dieser Ausarbeitung
[4] **Schlingensief, Christoph**: So schön wie hier kanns im Himmel gar nicht sein!; S. 9
[5] **Schlingensief, Christoph**: So schön wie hier kanns im Himmel gar nicht sein!; S. 9

Besonderes Augenmerk richte ich auf die „Lebens"fragen, die Christoph Schlingensief sich im Laufe seiner Erkrankung stellt. Die Fragen nach dem, was ihn bisher als Mensch ausmachte, nach seiner Freiheit, die ihm verloren scheint, nach der Bedeutung seiner Beziehung zum verstorbenen Vater, die Frage nach dem, was aus ihm und Aino nach seinem Tod wird, die Frage danach, wie er die eigene Geschwindigkeit drosseln könne, wenn die Welt um ihn sich plötzlich zu schnell bewege u. v. m.

Schildere und reflektiere ich schließlich die Bewältigungsstrategien die Christoph Schlingensief im Laufe seiner Krebserkrankung bewusst oder unbewusst anwendet, werde ich immer auch das entsprechende Krankheitsstadium im Auge behalten, in dem er sich jeweils befindet und abschließend darauf eingehen, was die Wissenschaft im Zusammenhang mit den verschiedenen Aspekten wie beispielsweise „Religion und Krebs", „Krebspersönlichkeit", „Frage nach den Ursachen" u. v. m beschäftigt.

Chronologisch werde ich dem Gefühlsauf und -ab Schlingensiefs folgen, mit besonderer Beachtung der Faktoren, die es ermöglichen, dass für ihn nach einem „Abwärts" wieder ein „Aufwärts" zu erleben ist.

Beenden möchte ich diese Ausarbeitung mit einem knappen Diskurs zum Thema Coping und Coping im Kontext von Psychoonkologie sowie mit meinen persönlichen Reflexionen darüber, was an Gefühlen, Erkenntnissen, Vorstellungen etc. nach der Auseinandersetzung mit Schlingensief für mich bleibt.

Eine Biografie Christoph Schlingensiefs folgt auf den Seiten 69-70; eine Erklärung verwendeter Fachbegriffe auf den Seiten 73-76.

Aspekte des Copings bei Christoph Schlingensief

Eingangs erwähnte ich die „Achterbahnfahrt der Gefühle" in Christoph Schlingensiefs „Tagebuch einer Krebserkrankung".

Darunter verstehe ich das gesamte Spektrum psychischer Belastungsreaktionen entlang einer Gesamtsituation, die zwischen Todesangst und Lebensmut einem ständigen Wandel unterworfen ist.

Um nur einige zu nennen: die Angst davor, was auf ihn zukommen und was letztlich bleiben wird, die Angst vor Autonomieverlust und „Freiheitsberaubung", Gefühle wie Hoffnung, Wut, Niedergeschlagenheit, Trauer, Schuld, Trotz u. v. m.

Der Zeitpunkt des Auftretens dieser Belastungsreaktionen steht in unmittelbarem Zusammenhang mit besonders schwierigen Ereignissen während des Verlaufs der Krankheit.

Bei Schlingensief, wie bei vielen Krebspatienten, sind das beispielsweise Ereignisse wie die Zeit des Wartens auf die Diagnose, die Diagnose selbst, die Operation, die Nachbehandlung, das Hoffen auf langfristigen Therapieerfolg, das Wiederauftreten und Fortschreiten der Krebserkrankung sowie die terminale Erkrankungssituation.

Die Ursachen psychischer Belastungen und Störungen bei Krebspatienten sind von verschiedenen Faktoren abhängig. Psychosoziale Belastungen, also seelische, geistige bzw. intellektuelle Vorgänge, die durch soziale Gegebenheiten bedingt sind, sind nicht allein als psychische Reaktion auf die belastende Situation während der Erkrankung zu verstehen. Diese sind vielmehr eingebettet in ein komplexes, miteinander interagierendes Bedingungsgefüge von somatischer Erkrankung, spezifischen Behandlungsmaßnahmen, individuellen Bewältigungsressourcen und vorbestehenden psychischen Störungen.[6]

Einen Überblick darüber wo Belastungen und Anforderungen auftreten und wie sich diese äußern, habe ich in einer Tabelle auf folgender Seite zusammengestellt.

---

[6] **J. Weis, J., Boehncke, A.**: Psychische Komorbidität bei Krebserkrankungen; in: Bundesgesundheitsblatt - Gesundheitsforschung - Gesundheitsschutz 1 / 2011

Wo treten Belastungen / Anforderungen auf?	Wie äußert sich das?
Körperliche Ebene	Schmerzen, Einschränkung körperlicher Leistungsfähigkeit, Einschränkung der Funktion einzelner Organe
Psychische Ebene	Störung des emotionalen Gleichgewichts durch innere und äußere Bedrohungen, neue oder verstärkte Gefühle von Angst, Hilf- und Hoffnungslosigkeit, Trauer, Autonomieverlust, Verminderung der psychischen Belastbarkeit, Veränderungen in der Wahrnehmung und im Denken
Einstellung zu sich selbst und zum eigenen Körper	Ungewissheit über den zukünftigen Krankheitsverlauf, Veränderung der Lebensplanung und -gestaltung, Autonomieverlust, neue Abhängigkeiten (bsp. Ärzte, Medikamente, Maschinen), Veränderungen der individuellen Werte-Hierarchie u. v. m.
Soziales Umfeld	Verlusterlebnisse (Arbeit, Beruf, Beziehungen), Kommunikationsprobleme (sich selbst nicht mitteilen können, Verständnislosigkeit auf seiten der Bezugspersonen, Isolation)
Anpassung an neue Situation	Umgebung (Krankenhaus), Beziehungen (Ärzte, Pfleger etc.), neue Fachsprache
Bedrohung des Lebens	Angst vor Sterben und Tod, Frage, wie man selbst / wie Angehörige und Freunde damit zurechtkommen werden

Jedes Krankheitsstadium birgt unterschiedliche Bewältigungsanforderungen und erfordert folglich auch unterschiedliche Bewältigungsstrategien, unterschiedliches Coping[7].

Ich werde deshalb so vorgehen, dass ich Schlingensiefs Bewältigungsstrategien im Kontext des jeweiligen Krankheitsstadiums beschreibe, um in einem weiteren Schritt zu analysieren, welchen „Gefühlsprozess" das bei ihm ausgelöst und in welcher Weise dieser Prozess stärkend wirkt.

---

[7] siehe **Glossar**, Seite 68 dieser Ausarbeitung

Mich beschleicht zuweilen das Gefühl, ob es nicht geradezu eine Anmaßung sei, Schlingensiefs Gefühlszustände und die Art und Weise, wie er diese in den verschiedenen Stadien seiner Erkrankung „aushält", „durchleuchten" und „wissenschaftlich belegen" zu wollen.

Wer bin ich, dass es mir zustünde, das Verhalten von Jemandem „auseinander zu nehmen", der nicht mehr selbst in der Lage sein wird, meinen Interpretationen – sollte es ihm ein Bedürfnis sein - etwas entgegen zu halten. Ein wenig „beruhige" ich mich mit dem wie ich finde sehr eindrücklichen Satz Schlingensiefs: „Ich bin eigentlich ein Produktionsfaktor, ich treibe andere an und freue mich, wenn meine Gedanken durch andere durchgehen. ..."[8]

„Nun, lieber Christoph, " denke ich, „dann freue ich mich jetzt einfach einmal darüber, dass du dich darüber freust, gehen deine Gedanken in Form deiner Tagebuchaufzeichnungen durch mich hindurch."

Krankheitsstadien und Bewältigung

Im weiteren Verlauf dieser Arbeit fokussiere ich die folgenden Krankheitsstadien und die Gefühlsreaktionen Schlingensiefs, die damit verbunden sind.

- I   Verdacht auf Krebs und Entschluss zum PET
- II   Diagnose: Adenokarzinom
- III MRT und Weiterbehandlung
- IV   Operation
- V   Intensivstation
- VI   Verlegung auf „Normal"station
- VII Wieder Zuhause
- VIII Chemotherapie
- IX   Diagnose erneuter Metastasen
- X   Erfahrung von Endlichkeit

Den Krankheitsstadien Schlingensiefs, basierend auf dessen Tagebuchaufzeichnungen, möchte ich die folgende Tabelle „Kritische Phasen einer Tumorerkrankung und ihre psychischen Belastungen" gegenüberstellen[9] und damit verdeutlichen, dass sich Schlingensiefs Krankheitsverlauf nicht grundlegend von dem anderer Patienten unterscheidet.

---

[8] **Schlingensief, Christoph**: So schön wie hier kanns im Himmel gar nicht sein!;Seite 25
[9] **Reuter, K.** (2010): Psychoonkologie: Stellenwert, Prinzipien und Behandlungsansätze; Psychother. Psych. Med. 2010; 60: 486–497

Kritische Phasen einer Tumorerkrankung und ihre psychischen Belastungen[10]

Krankheitsphasen	Psychische Konsequenzen und Belastungen	
Diagnosestellung/-mitteilung	▸ Schock ▸ Verwirrung ▸ Ohnmacht ▸ Verleugnung ▸ Schuldgefühle ▸ Todesangst ▸ Symbolisierung des Tumors (vgl. Abb.2) ▸ Ärger	**Bei Schlingensief:** ▪ Verdacht auf Krebs / Entschluss zum PET ▪ Diagnose: Adenokarzinom
Onkologische Behandlungen und ihre Nebenwirkungen	▸ Unruhe ▸ Umgang mit Übelkeit und Erschöpfung ▸ Umgang mit Schmerzen ▸ Verletzbarkeit ▸ Bedürfnis nach Kontrolle ▸ Angst vor nicht ausreichender Wirksamkeit der Behandlungen und Irreversibilität der Nebenwirkungen	**Bei Schlingensief:** ▪ Operation ▪ Intensivstation ▪ Verlegung auf „Normal"-Station ▪ Wieder Zuhause ▪ Chemotherapie
Abschluss der Behandlungen	▸ Zukunftsangst ▸ Konfrontation mit körperlichen Veränderungen ▸ Umgang mit behandlungsbezogener Inaktivität	
Rehabilitation und Nachsorge	▸ Progredienz- und Rezidivangst ▸ gesteigerte Beschäftigung mit der Gesundheit ▸ Einsamkeit ▸ Depressivität ▸ Furcht vor Intimität und Sexualität ▸ Angst vor Kontrolluntersuchungen / Antizipation negativer Testergebnisse ▸ finanzielle Sorgen ▸ Isolation / familiäre Veränderungen	
Rezidiv bzw. Auftreten von Metastasen	▸ Schock ▸ Hoffnungslosigkeit ▸ Schuldgefühle ▸ Vertrauensverlust ▸ Gefühle der Entfremdung ▸ Ärger	**Bei Schlingensief:** ▪ Diagnose neuer Metastasen
Palliative bzw. terminale Phase	▸ Depressivität ▸ Demoralisierung ▸ Verleugnung ▸ Angst vor Kontrollverlust ▸ Angst vor dem Sterben	**Bei Schlingensief:** ▪ Erfahrung von Endlichkeit

---

[10] **Reuter, K.** (2010): Psychoonkologie: Stellenwert, Prinzipien und Behandlungsansätze; Psychother. Psych. Med. 2010; 60: 486–497

Phasen des Copings in Abhängigkeit vom Krankheitsverlauf

Zu Beginn des Krankheitsverlaufs tritt die Sinnfrage noch vor dem Ziel und der Zuversicht in den Hintergrund, die Krankheit bewältigen zu können. Im Verlauf der Krankheit und schließlich im Terminalstadium verhält es sich umgekehrt. [11]

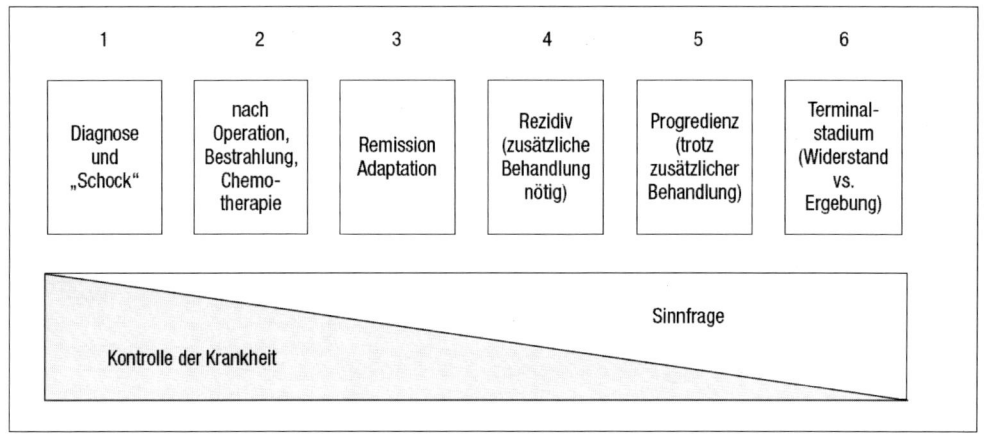

---

[11] Vgl. http://www.**tumorzentrum-muenchen.de**/patienten.html, abrufbares Manual: Psychoonkologie

Krankheitsphasen im Überblick:

I **Verdacht auf Krebs und Entschluss zum PET**
II Diagnose: Adenokarzinom
III MRT und Weiterbehandlung
IV Operation
V Intensivstation
VI Verlegung auf „Normal"station
VII Wieder Zuhause
VIII Chemotherapie
IX Diagnose erneuter Metastasen
X Erfahrung von Endlichkeit

I Verdacht auf Krebs und Entschluss zum PET[12]

Schreiben zur Bewältigung von Ungewissheit

„... quält der Gedanke dich, dann denk / schreib ihn weg."[13]

Sich wie Christoph Schlingensief zu einem PET zu entschließen, bedeutet, „den Tatsachen ins Auge blicken zu wollen", bedeutet, den „Bildern, die keine Eindeutigkeit haben"[14], Eindeutigkeit zu verschaffen, wie immer diese auch aussehen mag.

Meinen Überlegungen möchte ich nachfolgenden Ausschnitt eines Interviews voranstellen, welches Christoph Schlingensief im September 2008 mit einem Redakteur der österreichischen Zeitung „Der Standard" führt.

Ich beginne bereits, in Schlingensiefs Tagebuchaufzeichnungen zu lesen, als ich auf das Interview stoße und plötzlich vom Gedanken erfasst werde, seine Krebserkrankung sei in gewisser Weise genau „der Grund", "die Landebahn" auf der all seine „kreisenden Gedanken" nun landen können.

> *„Ich kam heuer im Jänner aus Nepal, wo ich für die Inszenierung "Jeanne d'Arc - Szenen aus dem Leben der Heiligen Johanna" für die deutsche Oper Berlin nach Erlösungsbildern gesucht habe, um sie mit dem streng katholischen Stoff von Walter Braunfels zu kreuzen. Wir haben dort die Verbrennung von Leichen gefilmt und diese Kinderarbeits-Ziegeleien besucht, wo acht bis 17-Jährige Ziegel produzieren und bis zu 30 Kilo Ziegel auf ihrem Rücken tragen.*

---

[12] siehe **Glossar**, Seite 70 dieser Ausarbeitung
[13] **Schlingensief, Christoph**: So schön wie hier kanns im Himmel gar nicht sein!; Seite 14
[14] **Schlingensief, Christoph**: So schön wie hier kanns im Himmel gar nicht sein!; Seite 13

Dann haben wir ein Kinderkrankenhaus besucht, das ein Einwohner gebaut hatte, weil sein Sohn im Alter von vier Jahren bei einem Unfall überfahren wurde und verblutete. Hier werden nun 10.000 Kinder im Jahr durch Impfungen oder ärztlichen Beistand behandelt. An diesen Orten habe ich gespürt, dass die eigene Arbeit uneffektiv und sinnlos ist. Zweifel an Kunst, an Theater, Oper. Eigentlich hat es mich nach Handgreiflichkeiten gesehnt.

Zum Schluss schrieb ich in das Gästebuch: "Auf dass die kreisenden Gedanken endlich einen Grund finden."

Und drei Tage später bekam ich das Röntgenfoto mit dem gut sichtbaren Tumor. Nach dem ersten Röntgen haben wir noch gehofft, es wären irgendwelche Pilze aus dem Amazonas oder Tuberkulose, doch in Berlin wurde klar, es war ein Adenokarzinom, ein Nichtraucherkrebs." [15]

Nachdem sich Christoph Schlingensief am 15. Januar 2008 zu einem PET[16] entschließt, abstrahiert er diesen Vorgang, indem er über „die Merkwürdigkeit" nachdenkt, er habe eigentlich schon immer „in Bildern" gelebt. Den Zustand der Ungewissheit vor der eigentlichen Diagnose beschreibt er als „Bild ohne Eindeutigkeit".

Und, so sinniert er weiter, nichteindeutige Bilder, also Bilder, die aus Überblendungen bestehen, habe er immer schon gemocht und sogar „angezettelt", wohl weil er den Kern, den er mit seinen Bildern verfolgt habe, „nicht richtig spüren konnte" und am Ende immer auf ein Ergebnis – im besten Fall eine Belohnung – angewiesen war. Und mit diesem „Ergebnis" war dann das Ziel erreicht, der Kern also spürbar.

Die Auswertung des PETs, welche Klarheit in „das Bild ohne Eindeutigkeit" bringen könnte, ist aber diesmal nicht das Ziel (der Kern). Nein! „Diesmal,…", so Schlingensief, „… wird das Ergebnis aber die Öffnung zu einem Weg sein, der noch gegangen werden muss, in welcher Form auch immer." [17]

Die „Klarheit", die das PET bringt, ist also „nur" eine scheinbare, die wiederum weitere „Unklarheiten" nach sich zieht. Also sozusagen wieder eine „Überblendung".

Bemerkenswert ist, dass sich Christoph Schlingensief während der zehn Tage die dem PET voraus gingen, nicht die Frage „Warum ich?" oder „Was soll das?" gestellt hat. Er bezeichnet seinen Zustand eher „als ein Umdenken" und mit seinen Aufzeichnungen möchte er erst einmal „seine Gedanken sammeln". Das, was ihn quält, schreibt (denkt) er weg.

---

[15] vgl.: http://**derstandard**.at/1220459550838/Es-geht-hier-nicht-um-meine-Leidensgeschichte

[16] siehe **Glossar**, Seite 70 dieser Ausarbeitung

[17] **Schlingensief, Christoph**: So schön wie hier kanns im Himmel gar nicht sein!; Seite 14

Über die Macht des Wortes

„Schreiben heißt, sich selber lesen." (Max Frisch)

Wer schreibt, schaut sich selbst beim Denken zu. Die Selbstreflexion beim Schreiben und Lesen der eigenen Ängste und Gefühle hilft, sich selbst zu entdecken und therapeutisch zu analysieren. Das Schreiben hilft, sich auf das Wesentliche zu konzentrieren, die Lebensgeschichte zu ordnen, zu reflektieren und Abstand zu gewinnen.

Schreiben hilft, Zugang zu sich selbst und zu anderen zu finden, Lebenszusammenhänge zu erkennen und fördert so die persönliche Entwicklung. Schreibtherapie kann entlasten und Leid lindern: Wer seine Probleme, Ängste und Sorgen zu Papier bringen oder literarisch verarbeiten kann, findet Distanz zu ihnen und kann sich neu ordnen.

Schlingensief nutzt das Schreiben bzw. das Reden während seiner gesamten Krankheitsphasen als Bewältigungsform.

Hinwendung zur Religion

„...Vielleicht war Jesus an dem Abend
[der Abend des letzten Abendmahles; Vermerk d. Verf.]
aber noch in verhältnismäßiger Ahnungslosigkeit, eher in einer Phase der langsamen
Bewusstwerdung, dass er sich schon längst auf dem Weg befindet."...[18]

... so, wie Schlingensief selbst sich wohl auch schon „auf dem Weg" wusste – auch
ohne das definitive Ergebnis des PETs bereits zu wissen... [Vermerk d. Verf.]

In Situationen, in denen unser Leben eine entscheidende Wende macht, meist– wie uns scheint – zum Negativen hin, besinnen wir uns auf Gott oder Religion.

Ich selbst beispielsweise halte mich nicht für sonderlich gläubig, dennoch ertappe ich mich oft dabei, dass ich in brenzligen Situationen denke: „Lieber Gott, mach, dass das gut ausgeht."

In Zeiten, in denen Dinge um uns herum „unfassbar" scheinen, Zeiten, in denen wir seelisch und mental noch nicht soweit sind, unsere Gedanken klar formulieren zu können, wo wir noch „so eine Grenze, eine Hemmung spüren"[19], ist Gott – oder das, was wir dafür halten – ein geduldiger Gesprächspartner, der uns davor bewahrt, an unseren Ängsten zu ersticken.

---

[18] **Schlingensief, Christoph**: So schön wie hier kanns im Himmel gar nicht sein!; Seite 19
[19] **Schlingensief, Christoph**: So schön wie hier kanns im Himmel gar nicht sein!; Seiten 18

Jemand, der uns zuhört, ohne Fragen zu stellen. Jemand, der uns so annimmt, wie wir sind, in all unserer Verletzlichkeit und mit all unserem „Wirrwarr" im Kopf. „Gott" quasi als Ruhepol, um uns von dem ersten Entsetzen „ausruhen" zu können.

Christoph Schlingensief erwähnt in seinen Tagebuchaufzeichnungen, dass seine Beziehung zu Gott sich aufgrund der extremen Situation verändert habe und dieser Veränderungsprozess erstaunlich schnell vonstatten ging. Bei seiner Hinwendung zur Religion ginge es ihm nicht um das kirchliche „Brimbamborium" an sich, sondern darum, mehr über Jesus und den Gedanken Gottes zu erfahren und über das Prinzip Leben, zu dem auch das Sterben gehört. Die Liebe zu Gott bedeute vor allem Liebe zu sich selbst.

Ein wichtiger Prozess, denn er bedeutet, sich selbst mit allen Schwächen und Stärken anzunehmen – gerade in Zeiten größter seelischer „Wirrnis". Innere Stärkung durch „sich selbst ein Freund sein".

Gleich zu Beginn seiner „Tagebuchaufzeichnungen einer Krebserkrankung", genau genommen an dem Tag, als er sich entschließt, durch ein PET herauszufinden, ob sich im Zentrum seiner Lunge ein Tumor befindet und ob dieser gut- bzw. bösartig ist, kauft er sich ein Buch, nicht irgendein Buch, sondern eines, was sich mit Religion beschäftigt, diese kritisch betrachtet. Nämlich:

„Die Bibel. Was man wirklich wissen muss", von Christian Nürnberger.

Schlingensief bemerkt beiläufig, dass er die Geschichten des Alten und Neuen Testamentes nicht mehr kenne – und das, obwohl er Messdiener war und Religionleistungskurs hatte. Er habe „alles irgendwie verschluckt", meint Schlingensief.

Bemerkt jemand, wie Schlingensief, Dinge „verschluckt" zu haben und unternimmt im Anschluss daran gezielt etwas, um „Verschlucktes wieder ausspucken zu können" (nicht mehr Erinnertes wird nachgelesen), dann ist wohl – in Zeiten der Krise – ein besonderes Anliegen daran gewachsen, mit den Dingen, die ihn umgeben, die etwas über ihn aussagen, achtsam umzugehen.

Vielleicht – und das ist wirklich nur meine Vermutung - weil Schlingensief in der Zeit des Wartens auf das definitive Ergebnis seines PETs nicht mehr das Gefühl hat, selbst sein Schicksal bestimmen zu können, dürften Nürnbergers Gedanken über Gott wie Seelenbalsam für ihn sein. So fällt ihm beispielsweise der Satz: „Gott fordert, dass der Mensch darauf verzichtet, sein Schicksal selbst zu bestimmen" quasi „ins Auge".

Nürnberger spricht von einer „ungeheuren Forderung" an die Menschheit, die quasi bis heute unerfüllbar blieb. Ich denke, genau das ist es, was Schlingensief berührt; diese wirklich ungeheure Forderung Gottes, seine Autonomie in dessen Hände zu legen!

Ein weiterer beeindruckender Satz in Nürnbergers Buch ist für Schlingensief der folgende:

„Der Mensch glaubt nicht, dass er das Leben gewinnt, wenn er es drangibt".

Konkret bedeutet das, der Mensch glaube nicht, zu gewinnen, wenn er stirbt.

„Tja, das Leben drangeben, um zu leben ...", bemerkt Schlingensief.[20] Und dieses „Tja..." sagt so Vieles. Mir selbst kommt der Gedanke: „Das Leben drangeben um weiterzuleben?" ...

Das sich Auseinandersetzen mit sich selbst, mit Gott, mit dem Sterben, dem Leben an sich bedeutet ein Stück Autonomie, bedeutet Stärke, die einen davor bewahrt, sich seinem Schicksal zu ergeben. Man ist weiterhin „konstruktiv", man „reibt" sich an etwas und daraus entsteht Energie. Und ganz viel Stärke und Energie braucht ein Mensch in einer solch ungeheuren Situation.

In der Phase, in der noch nicht auszuschließen ist, dass es sich bei dem Tumor vielleicht doch nur um eine Entzündung handelt, fängt Christoph Schlingensief nach langer Zeit („Das habe ich ewig nicht mehr gemacht.") wieder an, zu beten. Er genießt das leise Sprechen, das Flüstern mit den Händen vorm Gesicht weil er dabei „ganz bei sich ist". Beten als Art Meditation, als Art „in sich hinein zu horchen" aber auch, um sich selbst von außen zu betrachten und seiner eigenen Angst zuzuhören und, so Schlingensief, um „einen Moment zu haben, wo nicht alles schon wieder auf der Bühne oder auch im Leben ausgesprochen ist, so eine Grenze, eine Hemmung zu spüren, ist ganz wichtig und richtig."[21]

Schlingensiefs Auseinandersetzung mit Gott gibt ihm in dieser ersten Krankheitsphase das Gefühl, nicht tatenlos zu sein, seine Situation reflektieren zu können und das erst einmal nicht „im Leben", sondern ganz für sich alleine. Und die Reflexion über Gott, das Leben und den Tod, tröstet, nimmt Ängste, gibt eine gewisse Autonomie.

Im Verlauf seiner Krankheit wird sich Schlingensiefs Verhältnis zu Gott noch einige Male ändern („Hinwendung zu Gott" - „Zerrüttung" - „Aussöhnung"). Diese Veränderungen sind wieder im Kontext der jeweiligen Krankheitsphase zu sehen und werden an gegebener Stelle von mir berücksichtigt.

Seine Beziehung zu Gott, der Kirche in Beziehung mit seiner Krebserkrankung verarbeitet er in dem in 2009 im Rahmen der Ruhrtriennale uraufgeführtem Fluxus-Oratorium *Kirche der Angst vor dem Fremden in mir.*[22]

---

[20] **Schlingensief, Christoph**: So schön wie hier kanns im Himmel gar nicht sein!; Seiten 15 u. 16
[21] **Schlingensief, Christoph**: So schön wie hier kanns im Himmel gar nicht sein!; Seite 18
[22] vgl. **Schingensief Biografie**, Seite 67 dieser Ausarbeitung

Wissenschaftlicher Exkurs
„Religion und Psyche"

Für die Psychologie ist Religiosität in zweierlei Hinsicht wichtig. In vielen unterschiedlichen Konstellationen ist sie wichtige psychische Variable, denn als solche beeinflusst sie die individuelle Religiosität, Kognitionen, Einstellungen, und das Verhalten von Menschen. Religiöse Vorstellungen, Glaubensinhalte und ethische Werte sind wichtige Determinanten des Denkens, Fühlens und Handelns sowohl von Individuen als auch von Gruppen.[23] Des Weiteren ist sie Gegenstand psychologischer Betrachtungen.

Der Themenkomplex „Religion und psychische Gesundheit" steht dabei in der religionspsychologischen Forschung an erster Stelle. Schon Sigmund Freud und William James[24] befassten sich damit.

Mit Hilfe von Korrelationsstudien[25] wurde lange Zeit versucht nachzuweisen, dass Religion einen positiven bzw. negativen Einfluss auf die psychische Gesundheit Einzelner hat; durch diese Art der Forschung konnte man aber kein eindeutiges Ergebnis erzielen.

Der US-amerikanische Psychologe Gordon W. Allport differenzierte in den 70er Jahren zwischen extrinsischer und intrinsischer Religion. Er argumentiert, dass gemessene Korrelationen zwischen Religionszugehörigkeit und negativen Eigenschaften wie z. B. Rassismus und Vorurteilen nur im Falle einer falsch verstandenen Religiosität gelten. Religionszugehörigkeit oder präziser gesagt, Kirchenzugehörigkeit, würde manchmal von Individuen, die in Wirklichkeit innerlich gar nicht religiös sind, lediglich zur Schau getragen, um Vorteile zu erzielen (funktionalisierte Religion). „Wahre" Religiosität wird nach Allport aus dem Inneren heraus gelebt. Intrinsisch religiöse Menschen könnten dann auch nie rassistisch oder vorurteilsbehaftet sein.[26]

Allports Differenzierungen zwischen ex- und intrinsischer Religion wurden in die empirische Forschung aufgenommen und gewannen enorm an Einfluss. Auch bei ihm ist die Aufteilung in „gute" und „schlechte" Religion gegeben.

Ungeachtet aller Entwicklungen auf dem Gebiet der Forschung, um Zusammenhänge zwischen Religiosität und psychischer Gesundheit festzustellen, hat sich eine wissenschaftliche Religionspsychologie, deren Leitbild weltanschauliche Neutralität wäre, noch nicht etabliert.

---

[23] **Grom, B.** (1992): Religionspsychologie. Vandenhoeck und Ruprecht, Göttingen
[24] **James, W.**: The varieties of religious experience, A Study in Human Nature, New York (1901/02); dt. Die Vielfalt religiöser Erfahrung. üb. von Eilert Herms u. Christian Stahlhut (1997), Insel-Verlag, Frankfurt/M.
[25] siehe **Glossar**, Seite 70 dieser Ausarbeitung
[26] **Allport, G. W.**(1974): Werden der Persönlichkeit, Kindler Verlag, München

Den Tatsachen ins Auge sehen

„... die Angst ist gelandet"[27]

Klarheit ist besser als Ungewissheit, selbst wenn diese bedeutet, einen malignen Tumor zu haben. Jedes Ergebnis ist besser als keines, ist „geradezu eine Erleichterung".

Nach der ersten Auswertung des PETs geht der Radiologe mit hoher Wahrscheinlichkeit von einem Tumor aus. Leber und Skelett seien noch nicht befallen, aber um Gewissheit zu haben, müsse man noch einmal punktieren.

Anstatt in diesem Moment seine Ungewissheit erneut mit „trügerischem Hoffen" zu beruhigen, entschließt sich Schlingensief, den Tatsachen ins Auge zu sehen. „Ich habe das eigentlich alles sehr kühl aufgenommen.", merkt er an. „Das war für mich heute der Stichtag. Ergebnis: Tumor."[28]

Warten, weiß man nicht, wie das konkrete Ergebnis aussehen wird, zermürbt. Man ist sozusagen zur Tatenlosigkeit verdammt. Und unfreiwillige Tatenlosigkeit, gerade bei einem Menschen wie Schlingensief, der immer „in Aktion" zu sein scheint, ist wie „Gefesseltsein" und nimmt schließlich alle Kräfte, die doch so dringend gebraucht werden.

Die Diagnose „Tumor", selbst wenn erst eine Punktion 100%ige Sicherheit bringen wird, bedeutet für Schlingensief, „endlich landen zu können" [Landen, um auszuruhen aber auch um neu zu starten; Vermerk d. Verf.]. Er kann wieder selbst entscheiden, wie es weitergeht mit ihm. Und wieder ist das Streben nach Autonomie im Vordergrund. Sich einem Konflikt zu stellen zeigt einerseits, dass man die Kraft zur Auseinandersetzung hat und andererseits wächst in der Auseinandersetzung mit Konflikten (egal, wie schwer es ist, diese letztlich zu bewältigen) auch Selbstbewusstsein, Mut und Stärke. Und spüre ich diese Elemente in mir, werde ich auch ein Stück weit „unverwundbarer".

Ich denke, diese Bereitschaft, sich den Tatsachen zu stellen, nicht mehr auszuweichen, den Tumor als Bestandteil des eigenen Lebens zu begreifen, ist ein wichtiger Schritt hin zu sich selbst und weg vom Selbstbetrug.

Wissenschaftlicher Exkurs „Diagnostische Abklärung"

Die diagnostische Phase wird als belastender, stressvoller Moment erlebt. Ein „diagnostischer Schwebezustand", in welchem die Gefühle und Reaktionen der Patienten von Gleichgültigkeit bis hin zu großer Angst reichen. Solange sie auf die Diagnose warten, scheint ihr Leben und auch das ihrer Angehörigen förmlich „in der Luft zu hängen"[29].

---

[27] **Schlingensief, Christoph**: So schön wie hier kanns im Himmel gar nicht sein!; Seite 23
[28] **Schlingensief, Christoph**: So schön wie hier kanns im Himmel gar nicht sein!; Seite 22
[29] **Kohröde-Warnken**, Corinna (2011): Zwischen Todesangst und Lebensmut;
Schlütersche Verlagsgesellschaft mbH & Co. KG, Hannover, Seite 29

Die diagnostische Phase kann durchaus traumatisch sein, besonders wenn sie verzögert oder mit der Feststellung einer physisch oder mental lähmenden oder unheilbaren Krankheit endet.[30]

Ordnen – Klarsehen - Strukturieren

*„ich will, dass man sehen kann,
in jenen Jahren ist das und das passiert. Schluss."*[31]

Der Aspekt „Klarheiten schaffen" gewinnt in Momenten, in denen die Zukunft ungewiss ist [eben: „unklar"; Vermerk d. Verf.], enorm an Bedeutung.

Ungewissheit lässt Punkte der Orientierung vermissen und genau diese versucht Schlingensief sich durch das „Ordnen – Klarsehen – Strukturieren" gewisser Dinge in seinem Leben zu schaffen. Sei dies die finanzielle Versorgung seiner Mutter bis an deren Lebensende, die Neustrukturierung seiner Internetseite oder das Nachdenken über die Möglichkeit, sein Büro noch zwei oder drei Jahre weiterlaufen zu lassen, um Klarheit in seine Arbeit zu bringen.

„Mit einem klaren Blick zurück…", so erwähnt er, „… kann man auch viel besser nach vorne gucken." Und weiter: „Ich brauche jetzt hinter mir einen aufgeräumten Laden. Der muss nicht klinisch steril sein, aber er muss Orientierung geben."[32]

Orientierung vermittelt Sicherheit [man weiß, wo es lang geht; Vermerk d. Verf.] und regt an, den nächsten Schritt zu tun. Energien werden nicht sinnlos mit Suchen oder Grübeln verschwendet, sondern werden effektiv eingesetzt, weiterleben zu können. Durch das „Ordnen – Klarsehen – Strukturieren" behält Schlingensief „sein Ruder in der Hand" und führt nicht nur im Hier und Jetzt Regie, sondern auch über seinen eventuellen Tod hinaus. Dieses „Regie führen" stärkt ihn, bedeutet Autonomie. In diesem Zusammenhang erinnere ich mich an eine Passage, in der er schreibt: „… ich treibe andere an und freue mich, wenn meine Gedanken durch andere durchgehen."[33] Ja, neben seiner Autonomie ist hier sicherlich auch ein Gewinn an Freude zu beobachten.

---

[30] **Kohröde-Warnken,** Corinna (2011): Zwischen Todesangst und Lebensmut; Schlütersche Verlagsgesellschaft mbH & Co. KG, Hannover, Seite 29
[31] **Schlingensief, Christoph:** So schön wie hier kanns im Himmel gar nicht sein!; Seite 31
[32] **Schlingensief, Christoph:** So schön wie hier kanns im Himmel gar nicht sein!; Seite 32
[33] **Schlingensief, Christoph:** So schön wie hier kanns im Himmel gar nicht sein!; Seite 25

Wissenschaftlicher Exkurs
„Sinn- und kohärenzorientierte Theorien"[34]

Eine schlüssige und stimmige Lebensgeschichte ist Voraussetzung für das Gefühl von Sinnhaftigkeit und Erfülltheit im Leben. In diesem Zusammenhang spricht man von „autobiografischer Kohärenz".

Die Organisation von Erfahrungen in eine kohärente[35] Autobiografie beinhaltet nach Habermas u. Bluck (2000)[36] vier Formen der Kohärenz.

Durch **organisatorische Kohärenz** wird dem Grundbedürfnis nachgegangen, die Lebensereignisse in einer subjektiv logischen und schlüssigen Weise zu verbinden.

Mit der **zeitlichen Kohärenz** ist zumeist die Vorstellung eines linearen zeitlichen Bezugs der Lebenserinnerungen aufeinander verbunden.

Die **biografische Kohärenz** ist eine weitere von Habermas u. Bluck (2000) definierte Form der Kohärenz. Durch sie wird die Konstruktion der Lebensgeschichte im Licht gesellschaftlicher Richtwerte für Dauer und Zeitpunkt des Auftretens als bedeutsam erachteter Ereignisse geprägt.

Das Ordnen von Lebensereignissen nach thematischen Gesichtspunkten nennt man „**thematische Kohärenz**" [bei Schlingensief beispielsweise die Aufarbeitung seiner Internetseite; Anm. d. Verf.].

Einhergehend mit der Schaffung von Kohärenz in der eigenen Lebensgeschichte ist immer die Aufrechterhaltung des Gefühls von Kontrolle im Verlauf des Lebens.

Sich Gefühle zugestehen

„Ach, Mann, ist das alles eine Kacke. So eine unendliche Kacke"[37]

Zwei Tage vor dem Punktionstermin, der endgültige Klarheit über die Ausdehnung des Tumors bringen soll, leidet Schlingensief sehr darunter, dass Aino - anstatt mit ihm die letzten Tage, an denen so etwas wie Normalität möglich wäre - gemeinsam zu verbringen, doch zur Probe fährt.

Seine Art, diese doch sehr schmerzliche Situation aushalten zu können, ist, sich damit auseinanderzusetzen. Zu sagen: Ich bin eifersüchtig! Ja! Aber ich kann von keinem Menschen verlangen, dass der sich 24 Stunden aufopferungsvoll um mich kümmert.

---

[34] **Mehnert, Anja; Braack, Katharina; Vehling, Sigrun** (2011): Sinnorientierte Interventionen in der Psychoonkologie; in: Psychotherapeut 2011, Springer Verlag, Seite 2
[35] vgl. **Glossar**, Seite 70 dieser Ausarbeitung
[36] **Bluck, S.; Habermas, T.** (2000). The life story schema. *Motivation & Emotion*, Seite 121-147
[37] **Schlingensief, Christoph**: So schön wie hier kanns im Himmel gar nicht sein!; Seite 39

Und er macht sich bewusst, dass es sich – bliebe Aino an seiner Seite – nur um eine scheinbare Normalität handele. „Normal ist es…", so Schlingensief, „…eine Beziehung zu haben, wo man sich sieht, gemeinsam aufsteht, frühstückt, aber sich dann auch verabschiedet: Tschüss, bis später, wir sehen uns."

Er sieht seine Normalität verletzt, wurde von ihr verlassen. Und er steht zu seinen negativen Gefühlen, ob dieses unglaublichen Verlusts, beschönigt nichts, sondern respektiert einfach, dass er enttäuscht und traurig ist.

Wissenschaftlicher Exkurs über das „Aushalten von Angst"

Reden wir bei Krebspatienten davon, dass es hilfreich sei, „Gefühle zuzulassen", dann steht das Gefühl der Angst sicherlich an erster Stelle.

Flucht oder Vermeidung machen die Angst unkontrollierbar und verstärken sie. Stellt sich der Kranke der Angst, kann sie Gestalt annehmen, wird überschaubar und kann damit besser kontrolliert werden.[38]

Beate Stein (Sozialarbeiterin und Fachberaterin für Psychotraumatologie; selbst an chronischer Leukämie erkrankt) geht davon aus, dass die Bewältigung von Angst ein kontinuierlicher Prozess ist. „Gelingt es, den Blickwinkel zu verändern, die Angst immer wieder zur Seite zu schieben, […]", so Stein, „[…] zeigt sich die Freiheit, das Leben auch ohne die belastende Angst führen zu können. Der Kranke kann wieder einen Sinn in der Vielfalt des Lebens finden. Die Versöhnung mit dem eigenen Schicksal und der eigenen Endlichkeit führt zu einem neuen Denken. Die Hinwendung auf das „Kommen und Gehen des Lebens im Leben" wird zum Reifungsschritt. Das Verlorene kann nicht ersetzt werden, aber man erfährt, dass nicht alles verloren ist."[39]

In der Medizin beispielsweise fehlen bis heute die Kriterien dafür, wann die Kontrolle oder das Aushalten von Angst positiv oder negativ zu bewerten sei – besonders bei lebensbedrohlichen Erkrankungen.

Angstlösende Medikamente können hilfreich sein, wenn sie bewusst, quasi als Überbrückung einer besonders schweren Zeit genommen werden. Bewusster Einsatz von Medikamenten setzt allerdings voraus, dass Patienten am Entscheidungsprozess „für oder gegen medikamentöse Unterstützungsmöglichkeiten" aktiv beteiligt sind.

Leider werden Psychopharmaka in manchen Krankenhäusern noch immer Patienten ohne deren Wissen verabreicht. Psychopharmaka, die das Bewusstsein dämpfen, können dann dazu führen, dass Menschen in entscheidenden Etappen ihres Lebens (so,

---

[38] vgl.: http://www.**gesundheit-report.de**/lebensfragen/artikel156/leben-konnen-heist-der-angst-bewusst-begegnen.html

[39] http://www.**gesundheit-report.de**/lebensfragen/artikel156/leben-konnen-heist-der-angst-bewusst-begegnen.html

wie beispielsweise Christoph Schlingensief) in einen Zustand von Gleichgültigkeit versetzt werden.

In der gegenwärtigen Medizin ist ein überdimensionales Abwehrsystem gegenüber menschlichen Ängsten entstanden.

Der von mir sehr geschätzte Prof. Dr. Rolf Verres erwähnt in seinem Buch „Die Kunst zu Leben – Krebs und Psyche" den Begriff „Angst" im Zusammenhang mit „Antrieb zur Wandlung" und bezieht sich auf eine Definition eines W. A. Schelling, die ich im Folgenden zitiere:

> *„Die Angst übernehmen zu können und sich ihre verwandelnde Kraft angedeihen zu lassen, scheint eine wichtige Potenz des Menschen zu sein. Jeder hat hier genügend Erfahrungen bei sich und bei anderen: Gelingende Auseinandersetzung mit der Angst öffnet den Raum für die Entwicklung von neuen Fähigkeiten und Erfahrungen. Freilich gibt es keine Auseinandersetzung, keine Überwindung, die nicht ihrerseits wiederum Angst auslösen würde. Das allmähliche Aufgeben einer inneren Haltung, die durch Angstschranken abgeschirmt war, gegen die Möglichkeit einer Veränderung, wird mit neuer Angst verbunden sein. Wenn dieser Prozess aber gelingt, dann wird er den Betroffenen zu neuen Erfahrungen und zu einer größeren Erlebnisintensität hinführen."*[40]

---

[40] **Verres, Rolf** (2003): Die Kunst zu leben, Krebs und Psyche; Verlag Herder, Freiburg, Seite 49

Pläne schmieden

„Ich bin gerne auf der Welt. Ich möchte gerne auf der Welt Dinge tun."[41]

Sich wie Schlingensief bewusst sein, wie sehr man die Welt liebt, sich bewusst sein, dass man hier(!) bleiben möchte und dass man hier(!) Dinge tun möchte, ist gut und wichtig. Dazu gehört – quasi „um seine Wurzeln noch einmal tiefer in diese Erde zu schlagen" – dass man Pläne schmiedet.

Pläne zu schmieden bedeutet „voraus zu schauen", bedeutet „Zukunft", bedeutet „Hoffnung", bedeutet, dass man an sich glaubt und daran, dass man vielleicht doch stärker als der Krebs sein könnte.

Schlingensief möchte weiterhin Momente schaffen, in denen er Menschen berührt. Am Ende, egal wann, möchte er, dass seine Arbeit einen sozialen Charakter hatte. Und so entsteht seine Idee mit dem Festspielhaus in Afrika.

Nachzudenken über Projekte wie „ein Festspielhaus in Afrika"[42] ermöglicht, über das eigene Leiden hinausschauen zu können, die Welt auch außerhalb der eigenen schwierigen Situation wahrnehmen zu können und sich selbst als wichtigen Teil dieser Welt zu begreifen.

Indem Schlingensief kreativ ist, gewinnt er an Kraft und Selbstvertrauen. Mit seiner Idee von Afrika ist er nicht auf seine Krankheit reduziert, sondern „wächst" darüber hinaus.

---

[41] **Schlingensief, Christoph**: So schön wie hier kanns im Himmel gar nicht sein!; Seite 32
[42] siehe **Schlingensief Biografie**, Seite 67 dieser Ausarbeitung

Krankheitsphasen im Überblick:

I	Verdacht auf Krebs und Entschluss zum PET
II	**Diagnose: Adenokarzinom**
III	MRT und Weiterbehandlung
IV	Operation
V	Intensivstation
VI	Verlegung auf „Normal"station
VII	Wieder Zuhause
VIII	Chemotherapie
IX	Diagnose erneuter Metastasen
X	Erfahrung von Endlichkeit

II Diagnose: Adenokarzinom

„Ich weiß nicht, [...]", so Schlingensief, „[...] ob ich jemals einen solchen Tag erlebt habe. Ich glaube nicht. Vielleicht einmal, in meiner Jugend, da war ich elf und habe auf einem Feld von Bauer Mewes ein Gefäß gefunden, in dem eine Taube saß. Ich habe das Ding berührt, dann gab es einen großen Knall, die Taube flog hoch und zur Seite raus – und mein Arm wäre fast in diesem Metallständer gelandet, abgequetscht. Es war eine Falkenfalle [...]".[43]

Klarheit tut weh

„... Warum wird das alles jetzt kaputt gemacht? Warum?"[44]

So sehr Schlingensief die Klarheit und Aufrichtigkeit, mit der sein Internist Dr. Bauer bisher auf ihn zuging, schätzte, so sehr entsetzt ihn diese jetzt.

Dr. Bauers Äußerungen zur Diagnose wie beispielsweise: „[...] wir haben den Befund und der ist große Scheiße.", „Es wird eine harte Zeit auf Sie zukommen" oder auch als er zu Aino sagt, sie solle doch erst einmal zu Hause übernachten anstatt im Krankenhaus, denn sie brauche ihre Kraft später noch, auch Worte wie „Chemo", „Operation", „Bestrahlung" – all das stürzt auf ihn ein und er versteht erst einmal überhaupt nichts mehr. Ihm scheint, seine gesamte Normalität breche mit einem Mal zusammen, ist entsetzt und sieht sich seiner Freiheit beraubt. „Sich ein gottverdammtes Brötchen zu besorgen, ist plötzlich nicht mehr möglich."

Um mit diesem gefühlsmäßigen Chaos auch nur irgendwie fertig zu werden, versucht er herauszufinden, was die Ursachen seiner Erkrankung sein könnten.

---

[43] **Schlingensief, Christoph**: So schön wie hier kanns im Himmel gar nicht sein!; Seite 45

[44] **Schlingensief, Christoph**: So schön wie hier kanns im Himmel gar nicht sein!; Seite 47

Frage nach der Ursache

„… Werde ich jetzt für irgendetwas bestraft? Warum bricht hier alles zusammen?"[45]

Zum ersten Mal stellt sich Schlingensief die Frage, ob er durch seinen Krebs wohl für etwas bestraft werden solle. Eine Frage, die Patienten nach Mitteilung der Diagnose oft quält. Die Frage nach den Ursachen. Warum hat es gerade mich getroffen?

Die subjektive Vorstellung von der Entstehung der Erkrankung hat bei der Krankheitsverarbeitung enorme Bedeutung.

Häufig als Ursache vermutet werden:
- eine Bestrafung für etwas, was man in der Vergangenheit getan habe,
- eine evtl. vorhandene Prädestination für Krebs (Krebspersönlichkeit) oder
- eine Mitschuld an der Entstehung der Krankheit (vergleichbar mit Opfern von Gewalt).

Die individuelle Zuschreibung von Ursachen für die Entstehung der Krebserkrankung ermöglicht, eine Komponente der Erkrankung zu benennen und das, was in Begriffen ausdrückbar ist, erscheint dem Menschen in der Regel handhabbarer und „fassbarer" als das Unbekannte.

Weiß man, was oder wer für die Krebserkrankung verantwortlich ist, hat man sozusagen etwas oder jemanden, das oder den man dafür „haftbar" machen kann (im Notfall sich selbst). Das bedeutet konkret: man kann die Krebserkrankung in gewissem Sinne vor sich selbst „rechtfertigen" [Vermerk d. Verf.]

Zu einem späteren Zeitpunkt, d.h. nach der Operation, merkt Schlingensief an, dass er sich nicht mehr „bestraft" fühlen möchte, weder von anderen, noch von sich selbst. *„Dass ich Krebs habe, gut, das ist Scheiße. Wer da was verbockt hat, weiß ich nicht, warum das so ist, weiß ich auch nicht. Aber es handelt sich nicht um eine Bestrafung, vor allen Dingen nicht um eine Selbstbestrafung."*[46]

**Wissenschaftlicher Exkurs
„Ursachen von Krebs" / „Krebspersönlichkeit"**

Menschen mit Lungenkrebs sind mehr als andere Krebspatienten einem gewissen Stigma ausgesetzt. Oftmals reflexartig lautet die erste Frage nach der Diagnose: „Hast du geraucht?"

Das liegt u. a. daran, dass bei keiner anderen Krebsart der Zigarettenkonsum als Ursache so klar und bekannt ist wie bei Lungenkrebs. Etwa 85% aller Lungenkrebs-

---

[45] **Schlingensief, Christoph**: So schön wie hier kanns im Himmel gar nicht sein!; Seite 46
[46] **Schlingensief, Christoph**: So schön wie hier kanns im Himmel gar nicht sein!; Seite 129

Todesfälle gehen auf das Rauchen zurück, das heißt, ein geringer Teil der Patienten (so Schlingensief) erkrankt „unverschuldet"[47] [es scheint, als werde man erst dann „für unschuldig" erklärt, hat man diese erste Frage nach seinem Rauchverhalten eindeutig mit „Nein" beantwortet. Dann erst gehört man zu den Privilegierten, die fortan ihren Lungenkrebs „ausleben" dürfen …; Vermerk d. Verf.].

Krebspatienten stellen sich oft die Frage nach den Ursachen ihrer Erkrankung. Leider haben die Denkmodelle, die in der Öffentlichkeit bekannt sind, nur selten etwas mit dem Wissensstand der professionellen Krebsforschung gemein. Um nur eines dieser Denkmodelle darzustellen, möchte ich im Folgenden die Aussage eines nichtkrebsbetroffenen Patienten erwähnen, den Prof. Dr. Verres im Rahmen seines Forschungsprojektes nach dessen Ansicht über Krebs befragte. Warum also bekommen manche Menschen Krebs, während andere davor verschont bleiben?[48]

Hierzu eine männliche Person, Baumaschinenschlosser, 44 Jahre:

„Also, es mag mit an der Erbmasse liegen. Ich glaube auch, dass viel am Essen liegt, ich meine, einer, der das ganze Jahr gespritzte und gedüngte Sachen isst, […]. Ich glaube auch, dass viel zusammenhängt, wenn man verheiratet ist, mit der Familie, dass wenn man sich gut versteht und sehr wenig Streit hat, dass man da ganz anders lebt, als wenn ich jeden Tag heimkommen muss und die Gegend vollschreie […]. Ich glaube auch, wenn ich unser Gespräch zurück verfolge, über den Krebs, dass jeder das in sich trägt. Ich glaube aber auch, dass es jeder von uns in sich hat. Nur der Brennpunkt fehlt noch, wo es explodiert."[49]

In der Wissenschaft weiß man zwar Einiges über Risikofaktoren und Mechanismen der „Entartung" von normalen Körperzellen zu Krebszellen, doch über die Krebsursachen gibt es nur wenige Theorien.[50]

Zum Begriff der „Krebspersönlichkeit" bemerkt Verres [und spricht mir damit aus der Seele; Verm. D. Verf.], er sei dafür, dieses missverständliche und vielleicht sogar manchen Menschen unangemessen diskriminierende Wort ganz aus unserem Wortschatz zu streichen.

Er fasst die Versuche der Wissenschaft, Zusammenhänge zwischen psychischen Vorgängen und der Krebsentstehung aufzudecken, wie folgt zusammen:

- Anhaltspunkte dafür, dass die Entstehung einer ersten Krebszelle aus einer gesunden Körperzelle konkret etwas mit psychischen Phänomenen zu tun hätte, sind kaum belegbar.

---

[47] vgl.: http://www.**krebsgesellschaft.de**/pat_tdm_112011_lungenkrebs_schicksal_leitartikel,201397.html
[48] **Verres, Rolf** (2003): Die Kunst zu leben, Krebs und Psyche; Seite 58
[49] **Verres, Rolf** (2003): Die Kunst zu leben, Krebs und Psyche; Seite 58
[50] **Verres, Rolf** (2003): Die Kunst zu leben, Krebs und Psyche; Seite 50

- Die Entstehung einer ersten Krebszelle sei vielmehr als eine Art „Betriebsunfall" während der täglich milliardenfach stattfindenden natürlichen Zellteilung zu verstehen.

- Sicheres Wissen gibt es zu den Wirkungen von Schadstoffen, die in den Körper gelangen. Die Wirkungen seien aber zum Teil auch verhaltensbedingt (z.B.: Schadstofferhöhung durch Rauchen oder Ernährungsverhalten).

- Das weitere Wachstum einer entstandenen Krebszelle zu einer Krebsgeschwulst und zu Tochtergeschwülsten ist von verschiedenen Faktoren abhängig. Dabei spielt es eine Rolle, ob das körpereigene Abwehrsystem schnell genug und wirksam funktioniert (Bsp.: „natürliche Killerzellen" im Blut können entstandene Krebszellen u. U. schnell abtöten, so dass keine Krebserkrankung entsteht).

- Viele Funktionen des körpereigenen Abwehrsystems stehen mit dem Nervensystem in Verbindung. Veränderungen im psychischen Geschehen (also im Hirn) können – über das Nervensystem und spezielle Botenstoffe, die Hormone – im Prinzip auch bestimmte Funktionen des Immunsystems beeinflussen.

- Prinzipiell ist denkbar, dass die Entwicklung bestimmter Krebserkrankungen, sind einmal Krebszellen entstanden, nicht völlig unabhängig von psychischen Geschehnissen ist. Dieses Denkmodel beruht allerdings vorerst auf vereinzelten wissenschaftlichen Beobachtungen und begründete Schlussfolgerungen für die Lebensführung lassen sich daraus nicht ableiten.[51]

Auch Prof. Dr. med. Wolfgang Söllner von der Klinik für Psychosomatische Medizin und Psychotherapie am Klinikum Nürnberg schreibt in der Fachzeitschrift „Psychotherapie im Dialog" (PID), 2/2010, dass der direkte Einfluss psychischer Faktoren wie Stress, belastende Lebensereignisse oder Depression auf die Entstehung von Krebs zwar möglich ist und biologisch erklärbar, aber empirisch nicht gesichert.[52]

Soweit zur Thematik „Ursachen von Krebs" und „Krebspersönlichkeit". Wenden wir uns im Folgenden wieder Christoph Schlingensief und dessen Gefühlen nach der schockierenden Diagnose „Lungenkrebs" zu.

---

[51] **Verres, Rolf** (2003): Die Kunst zu leben, Krebs und Psyche; Seite 74 f
[52] **Prof. Dr. med. Wolfgang Söllner**; in: „Psychotherapie im Dialog" (PID), 2/2010, „Psyche und Krebs - Können psychosoziale Faktoren Krebs verursachen oder den Verlauf von Krebserkrankungen beeinflussen?"

Im Strudel der Gefühle

„… ich versteh das nicht! Ich bin entsetzt"[53]

Schlingensief denkt zum ersten Mal auch darüber nach, sich umzubringen oder einfach wegzugehen, ausgerüstet mit genügend Morphium (dabei denkt er wieder einmal an Afrika).

In dieser Phase äußersten Entsetzens kommen sehr viele Reaktionen auf der Gefühlsebene zusammen: Weinen, flüchten wollen, an sich selbst zweifeln, Zukunftsängste, Verständnislosigkeit und Enttäuschung. Und mit der Enttäuschung wird das Thema „Gott" wieder präsent. Diesmal allerdings in Form von Abwendung.

Abwendung von Gott

„… Gott ist ignorant. Er sagt einfach, was du hier machst, interessiert mich nicht"[54]

Die Annäherung an Gott, die in der ersten Krankheitsphase stattfand, ist nach der Diagnose mit einem Mal zerstört. Schlingensief betet zwar noch zu seinen Schutzengeln, was vermuten lässt, dass er mit dem Himmel noch nicht gänzlich abgeschlossen hat, aber mit Gott und Jesus ist er erst einmal fertig. „Vielleicht […]", so Schlingensief, „[…]kommt er wieder, wenn man ganz am Arsch ist."

Nach dem Schlag der Diagnose fühlt sich Schlingensief, als seien bei ihm gerade „alle Seile und Verbindungen abgerissen"[55] [stellt man sich das bildlich vor, lassen einen gerissene Seile in die Tiefe fallen oder verbindungslos schweben in einer Leere, die einen zu verschlucken droht; Anm. d. Verf.]. Schlingensief möchte „einfach nur wegdämmern" und fragt sich, ob das nicht schon genug des Lebens war. Und dann ist er einfach nur „supertraurig", fühlt sich gleichermaßen aggressiv und wütend und hat den „Draht zu Jesus verloren". „Ich kann nicht mehr beten", schreibt er und, was sehr berührend ist: „Ich dachte, dass ich im Kern beschützt sei". [56]

Man stelle sich vor, wie es für jemanden sein mag, „im Kern beschützt zu sein". Das hat etwas Unumstößliches und Beruhigendes. Da fühlt man förmlich innere Sicherheit, ein „safe place", ein Ort also, wo man Schutz und Hilfe findet, ohne dass einem Schuld für eine schwierige Situation zugesprochen wird. Ein Ort, wo man erfährt, dass man einiges vermag, um seine aus den Fugen geratene Welt zu kitten. Und dann versuche man, zu begreifen, wie es sich wohl anfühlen mag, ist ein solcher Ort um einen herum einfach mit einem Wimpernschlag / mit einer Diagnose wie ausgelöscht.

---

[53] **Schlingensief, Christoph**: So schön wie hier kanns im Himmel gar nicht sein!; Seite 46
[54] **Schlingensief, Christoph**: So schön wie hier kanns im Himmel gar nicht sein!; Seite 51
[55] **Schlingensief, Christoph**: So schön wie hier kanns im Himmel gar nicht sein!; Seite 50
[56] **Schlingensief, Christoph**: So schön wie hier kanns im Himmel gar nicht sein!; Seite 51

Schlingensiefs Fassungslosigkeit und zuweilen auch Trotz mutet ein wenig an wie das verzweifelte Schreien eines Kindes, das von seiner Mutter verlassen wurde und darauf hofft, dass diese zurück käme.

Seine Wut, seine Ohnmacht und seine Enttäuschung lädt Schlingensief erst einmal auf Gott ab und schafft sich damit den nötigen Raum, wieder „zu sich zurück zu kommen" (Affektverschiebung).

Um ruhiger zu werden nimmt er dieses Mal ein Sedativum.

Allgemeiner Überblick
über Belastungen und Anforderungen nach der Diagnosestellung [57]

Krise / Ereignis	Persönliche Empfindungen / Fragen	Auswirkungen	Coping-anforderungen	Ziele der Patienten	Professionelle Interventionen
Diagnose	▪ Warum gerade ich? ▪ Was habe ich getan? ▪ Ist die Krankheit eine Vergeltung / Strafe? ▪ Was sind die Ursachen? ▪ Muss ich jetzt sterben?	▪ Angst ▪ Depression ▪ Entsetzen ▪ Konfrontation mit der eigenen Sterblichkeit ▪ Verlust des Vertrauens in Gott, in sich selbst, in andere ▪ Ohnmacht ▪ Quälende Symptome ▪ Isolation ▪ Einsamkeit ▪ Trauer	▪ Akzeptanz der Diagnose ▪ Toleranz von Stress und emotionaler Aufruhr ▪ Akzeptanz von größerer Abhängigkeit ▪ Anpassung an das medizinische Hilfesystem ▪ Entscheidungen bzgl. Behandlung treffen ▪ Vorstellungen davon, wie Behandlung in den Alltag zu integrieren ist ▪ Sinnsuche ▪ Ängste nicht verdrängen, sondern äußern	▪ Bestmögliche Hilfe mit der geringsten Beeinträchtigung der Lebensumstände	▪ Unterstützung ▪ kognitiv-behaviorale Trainingsprogramme ▪ supportive Psychotherapie ▪ physische Kompetenz ▪ Ressourcen zur Verfügung stellen ▪ Weitervermittlung an andere Professionelle ▪ Informieren ▪ Edukative Maßnahmen vornehmen

(eigene Bearbeitung nach Loscalzo / Brintzenhofeszok 1998, in: Tschuschke, Volker (2011), Seite 71)

---

[57] **Tschuschke, Volker** (2011): Psychoonkologie, Psychologische Aspekte der Entstehung und Bewältigung von Krebs, Seite 71

Krankheitsphasen im Überblick:

I   Verdacht auf Krebs und Entschluss zum PET
II Diagnose: Adenokarzinom
III MRT und Weiterbehandlung
IV Operation
V   Intensivstation
VI Verlegung auf „Normal"station
VII Wieder Zuhause
VIII Chemotherapie
IX Diagnose erneuter Metastasen
X   Erfahrung von Endlichkeit

III MRT und Weiterbehandlung

Bereits am Tag nach der Diagnose geht es für Schlingensief mit Untersuchungen weiter. Beim Ultraschall vom Bauchraum wurde nichts „Böses" entdeckt. Das MRT vom Kopf wurde dann allerdings zur gefühlsmäßigen Katastrophe. Ausgelöst dadurch, dass einer der Ärzte zum zweiten Mal Kontrastmittel spritzte und dazu noch fragte, ob Schlingensief bereits eine Hirnoperation oder einen Hirnschlag gehabt hätte, geriet Schlingensief, der Schlimmstes vermutete, in einen Zustand äußerster Panik.

„Warum fragt er [der Arzt; Anm. d. Verf.] das nach zehn Minuten Gehämmer?", so Schlingensief.[58]

Wer schon einmal ein MRT hat machen lassen, weiß, in welch beklemmender Situation man sich dabei befindet. Man liegt in einer Art Röhre und hat das Gefühl, „von Gott und der Welt verlassen zu sein" und das, obwohl man über Mikrofon mit der Außenwelt, sprich: den Ärzten in ständigem Kontakt steht. Der gesamte Vorgang wird begleitet durch ein ohrenbetäubendes hämmerndes Geräusch, welches trotz Ohrenschutz immer noch vernehmbar ist. Man hat förmlich das Gefühl, es wird auf einen „eingehämmert".

Diese Situation ist schon kaum für jemanden zu ertragen, der nicht am Tag zuvor die Diagnose „Krebs" hat verdauen müssen. Schlingensief liegt aber genau nach diesem Schock der Diagnose in einer solchen Röhre, bekommt erneut Kontrastmittel injiziert und wird dazu noch völlig verunsichert durch die Frage danach, ob er bereits „mit dem Hirn Probleme hatte". Wer von uns würde dahinter nichts „Böses" vermuten.

---

[58] **Schlingensief, Christoph**: So schön wie hier kanns im Himmel gar nicht sein!;Seite 48

„Demoralisierung"

Zu Gott: „Dass du ein Glückskind einfach so zertrittst [...]"[59]

Seine Reaktion auf diesen Zustand ist entsprechend verzweifelt. Schlingensief stellt sich den weiteren Verlauf seiner Krankheit als „Horrorszenario" vor: „[...]Vielleicht noch die Lunge raus und Chemo, aber eine Gehirnoperation gibt's dann nicht. Dann ist Verwesung angesagt. Dann wird in meinem Körper eben ein Zerfallsprodukt produziert, dann findet Auffressen statt, dann lass ich mich zerlegen. [...]."[60]

Mir kommt es vor, als „zerlege" er sich bereits im Vorfeld selbst und zwar mit Worten [nach dem Motto: wenn ich schon zerlegt werden soll, dann zerlege ich mich schon selbst und nicht der Krebs; Anm. d. Verf.].

Nicht nur er, sondern auch Aino, die „ganz viel geweint hat" realisiert, dass die Krebserkrankung ein radikaler Einschnitt ist und ein anderes Leben beginnen wird, wie immer dieses aussehen wird.

„Eins ist sicher: dass man zerstörbar ist.", sagt Schlingensief. Er fängt meiner Meinung nach an zu akzeptieren, dass auch er Grenzen hat, die er nicht länger ignorieren darf.[61]

Wissenschaftlicher Exkurs
„Existentielle Belastung und sinnorientierte Interventionen"[62]

Im Laufe der vergangenen Jahre wurde dem Verlust von Gefühlen der Sinnhaftigkeit, Demoralisierung, Verzweiflung und spirituellem Leiden bei Krebspatienten zunehmend Aufmerksamkeit gewidmet. Demoralisierung als emotionaler Zustand einer Person kann in der Auseinandersetzung mit existenziellen Belastungen auftreten. Man versteht darunter einen von der klinischen Depression unterscheidbaren, dysphorischen[63] Zustand (wie der Schlingensiefs während des MRTs), wie er u. a. bei medizinisch und psychiatrisch Erkrankten in relevanter Häufigkeit anzutreffen sei.

Ein Kernphänomen des Syndroms ist die existenzielle Belastung durch das Gefühl, das Leben hätte nunmehr weder Sinn noch Ziel, aber auch durch den Verlust des Identitätsempfindens.

Weitere Emotionen und Kognitionen der Hilf- und Hoffnungslosigkeit resultieren aus der als ausweglos erlebten Situation und der Wahrnehmung, keine Bewältigungsstra-

---

[59] **Schlingensief, Christoph**: So schön wie hier kanns im Himmel gar nicht sein!; Seite 51
[60] **Schlingensief, Christoph**: So schön wie hier kanns im Himmel gar nicht sein!; Seite 49
[61] **Schlingensief, Christoph**: So schön wie hier kanns im Himmel gar nicht sein!; Seite 50
[62] **Mehnert, Anja; Braack, Katharina; Vehling, Sigrun**: Sinnorientierte Interventionen in der Psychoonkologie; in: Psychotherapeut 2011, Springer Verlag
[63] vgl. **Glossar**, Seite 70 dieser Ausarbeitung

tegien anwenden zu können. Eine solche existenzielle Krise ist für die Betroffenen mit Angst und Verzweiflung verbunden.

Die kognitiven Einstellungen sind darüber hinaus von Pessimismus und dem Gefühl persönlichen Versagens sowie negativer Verzerrungen geprägt.[64]

Umdenken

„... Auf Zehenspitzen durch die Welt laufen."[65]

Die Verzweiflung des Vortages während des MRTs hat sich nahezu verflüchtigt und weicht einer Art Umdenkungsprozess. Schlingensief gesteht sich ein, dass ihm „Jesus mit seiner komischen Leidensnummer" wohl doch noch nahe sei. „Er hat es geschafft", so Schlingensief, „so viele Gedanken in Gang zu setzen wie kein anderer Mensch. Das heißt, er hat Leiden produktiv gemacht." Und genau das versucht Schlingensief meiner Meinung nach jetzt auch.

Ihm wird klar, dass ein „neues" Leben beginnen wird, in welchem aber durchaus schöne Momente vorkommen werden. Leben von Tag zu Tag und Ziele, wenn auch keine langfristigen. Kleine Freuden, wie die über ein Mettbrötchen. Kleine Sachen erleben und sich freuen, dass man sie erlebt. Das Große im Kleinen finden.[66]

Aktiv bleiben, um nicht zu leiden

„... Muss ich halt lernen, auf dem Sofa zu liegen und nichts anderes zu tun, als Gedanken zu denken."[67]

Ausgehend von einem Satz in der Biographie Joseph Beuys, nämlich folgender: „Alles, was nicht gebraucht wird, leidet. Alles was statisch ist, leidet.", schließt er für sich selbst, solange er denke (also noch aktiv sei), leide er nicht.

---

[64] **Mehnert, Anja; Braack, Katharina; Vehling, Sigrun:** Sinnorientierte Interventionen in der Psychoonkologie; in: Psychotherapeut 2011, Springer Verlag
[65] **Schlingensief, Christoph**: So schön wie hier kanns im Himmel gar nicht sein!; Seite 59
[66] **Schlingensief, Christoph**: So schön wie hier kanns im Himmel gar nicht sein!; Seite 60
[67] **Schlingensief, Christoph**: So schön wie hier kanns im Himmel gar nicht sein!; Seite 61f

Er kehrt diese Schlussfolgerung sogar um in folgende: Solange man über ihn nachdenke, leide er nicht, und er geht noch weiter in seinen Überlegungen. Nämlich er mutmaßt, solange man über die Statik in der Welt nachdenke [und diese unsere Welt leidet, da sie statisch ist; Anm. d. Verf.], werde deren Leiden durch seine Gedanken aktiv [und folglich aufgelöst; Anm. d. Verf.].

Schlingensief „minimiert" somit sein Leiden, was seinen Schlussfolgerungen gemäß erst dann eintritt, verlassen ihn seine Gedanken.

Er führt somit selbst ad absurdum, dass er nach seinem Tod leiden könnte, denn es liegt in seiner Hand, zu Lebzeiten der Welt genügend Stoff zu liefern, der anregte, auch über seinen Tod hinaus über ihn nachzudenken, was Schlingensief in der Tat gelungen ist.

Im Kern so glaubt Schlingensief, sein Leiden aushalten zu müssen, da das Sterben Bestandteil dieses (seines) Lebens ist und das wiederum seinen Sinn hat.

Krankheit als Chance

> „... Ich habe noch vieles zu denken, weil sich ja der Blick auf die Welt und auf die Menschen verändert, weil es jetzt so viele Perspektiven gibt."[68]

Schlingensief sinniert darüber, dass sich selbst in Momenten der Unfreiheit eine neue Freiheit auftue, die es einem ermögliche, Neues zu denken – auch Unsinn – das sei der größte Gewinn.

Auch entdeckt er – zusammen mit Aino - seinen Humor wieder. So überlegen die beiden, was sie im Opernhaus in Afrika aufführen könnten. Aino schlug vor, die Oper „Bösartig" zu nennen und Schlingensief ergänzte diese Idee noch mit einem Untertitel, nämlich: „Wir pfeifen alle aus einem Loch".

Wieder lachen zu können ist herrlich befreiend und nimmt jeder Situation ihre lähmende Tragik. Lachen belebt und ist ohne Zweifel heilsam.

---

[68] **Schlingensief, Christoph**: So schön wie hier kanns im Himmel gar nicht sein!; Seite 62

Krankheitsphasen im Überblick:
I   Verdacht auf Krebs und Entschluss zum PET
II Diagnose: Adenokarzinom
III MRT und Weiterbehandlung
IV Operation
V   Intensivstation
VI Verlegung auf „Normal"station
VII Wieder Zuhause
VIII Chemotherapie
IX Diagnose erneuter Metastasen
X   Erfahrung von Endlichkeit

IV Operation

„... Ich bin nicht mehr der, der ich bin. Bin nicht der, der ich war. Ich bin nicht der, der ich werden wollte."[69]

Sehnsucht, alleine zu sein

„... Kann keiner an der Scheiße hier teilnehmen, muss ich alleine machen."[70]

Während der Zeit unmittelbar vor der Operation „verdüstern" sich Schlingensiefs Gedanken. Das Gefühl, mit seiner Krankheit niemanden belästigen zu wollen, sich nicht erklären zu müssen, in Ruhe gelassen zu werden, wächst. Vorrangig ist das Bedürfnis, sich nunmehr nur noch „auf eigene Gesetze einlassen zu wollen".

Beziehungen werden „gekappt"; die zu Aino (*„bei dem Ding gibt es keinen romantischen Part. Ich werde nicht zulassen, dass Aino an dem Spiel teilnimmt", „[...] die soll zu ihren Proben gehen und sich dort einen anderen suchen."*), die Beziehung zu seinen Eltern (*„Ich will meine Eltern nicht. Ich will nicht! Papa ist schon weg, Mama soll auch weg."*) und die Beziehung zu den Leuten, mit denen er zusammen arbeitet auch (*„[...] ich bitte alle Leute, im Büro alleine weiterzumachen, eigene Entscheidungen zu treffen, vielleicht noch einen Kurzbericht zu schreiben."*).[71]

Erneut denkt Schlingensief an Selbstmord. Er stellt fest, seinen Lebenswillen, der nicht mehr vorhanden sei, bisher geheuchelt zu haben. Müde sei er und das bereits sehr lange; er habe „genug gestrampelt".[72]

---

[69] **Schlingensief, Christoph**: So schön wie hier kanns im Himmel gar nicht sein!; Seite 68
[70] **Schlingensief, Christoph**: So schön wie hier kanns im Himmel gar nicht sein!; Seite 67
[71] **Schlingensief, Christoph** (2010): So schön wie hier kanns im Himmel gar nicht sein!; Seite 68
[72] **Schlingensief, Christoph** (2010): So schön wie hier kanns im Himmel gar nicht sein!; Seite 69

Sollte seine Krankheit ihm jetzt die Chance zum Innehalten geben? Eine Chance, seiner Müdigkeit nachgeben- und das „Strampeln" endlich einstellen zu können? Und entledigt er sich nicht etwa mit den Beziehungen, die er zu „kappen" im Begriff ist, auch seiner Verantwortung für andere. Verantwortung, die zu „tragen" ihn momentan zu sehr erschöpfte?

„Abrechnung" mit den Eltern

Über seinen Vater: „Als ziehe er mir ständig an den Armen, den Beinen und an der Seele, damit ich ihm folge."[73]

Indem Schlingensief das Verhalten seines Vaters im Umgang mit dessen Krankheit angreift (dieser sei manchmal ein Tyrann gewesen und ein wehleidiges, von Depressionen zerfressenes Männlein) und die Wehleidigkeit und das gleichzeitige Pflichtbewusstsein der Mutter, bekämpft er im Grunde seine eigenen Schwächen und die Angst, seine Krebserkrankung könne möglicherweise genauso dazu führen, dass sich alles nur noch um ihn drehe, wie damals um seinen Vater. Sicherlich steht sein Bedürfnis, einfach alleine sein zu wollen (also niemanden zu belästigen) damit in engem Zusammenhang.

Schlingensief projiziert das, was er an sich selbst kritisiert, auf seine Eltern.[74]

Erneute Abwendung von Gott und Jesus

„Gott ist nicht da. Es ist alles ganz tot. Es ist alles ganz kalt."[75]

Er entrüstet sich darüber, dass Gott ihn dann, wenn seine Not am größten ist, einfach damit alleine lässt. Die Gefühle Schlingensiefs sind zwiespältig. Einerseits fühlt sich Schlingensief von Gott, Jesus und Maria verlassen, beruft sich aber zugleich auf „sein Recht, alleine sein zu dürfen". Er „zerfrisst sich die Seele".

Hinter dem Wunsch, alleine sein zu wollen, steckt eine große Erschöpfung, die es Schlingensief nicht mehr erlaubt, sich mit jemandem in direktem Kontakt auseinander zu setzen. Wenn Auseinandersetzung, dann nur noch in seinen eigenen Gedanken und mit sich selbst.

---

[73] **Schlingensief, Christoph**: So schön wie hier kanns im Himmel gar nicht sein!;Seite 70
[74] vgl. **Glossar** (Projektion), Seite 71 dieser Ausarbeitung
[75] **Schlingensief, Christoph**: So schön wie hier kanns im Himmel gar nicht sein!;Seite 71

Auf Augenhöhe mit dem behandelnden Arzt

„Mein Körper ist halt kein Auto, und man braucht irgendeinen Draht zu dem, der da drin rumschneidet."[76]

Am Nachmittag vor seiner Operation fühlt sich Schlingensief „auf der Flucht" und „[...] von diesem Ding in seinem Körper gerade extrem beleidigt und massiv bedroht". Genau in diese Stimmung hinein hat er dann ein – wie er es nennt – „Hardcore-Gespräch" mit Dr. Kaiser, seinem behandelnden Arzt, der ihm ohne Umschweife klar macht, dass es sinnlos sei, „herumzuspinnen", denn „Afrika ginge nicht und Sprechen ginge auch nicht mehr so gut". Die Tage, die kein Spaziergang würden, müsse er „volle Kanne mitmachen".

Durch das Gespräch „seiner Illusionen beraubt" und gleichermaßen seiner Freiheit entwickelt Schlingensief massive Ängste. Und obwohl er einige Zeit vorher noch eine starke Sehnsucht empfand, alleine zu sein, gesteht er sich jetzt ein, dass er diese Angst mit jemandem teilen muss, weil sie zu überwinden er alleine nicht schaffen wird.

Einige der „Seile und Verbindungen", die einige Tage vorher abgerissen zu sein schienen, sind wohl noch intakt. Nicht gegen Ängste ankämpfen zu müssen, erleichtert und bewahrt vor vollkommener Erschöpfung.

Schlingensief wird aktiv und gewinnt an Autonomie, indem er sich entschließt, am Abend vor der Operation erneut um ein Gespräch mit Dr. Kaiser zu bitten, anstatt sich seinen Ängsten zu überlassen. Und es ist ein „gutes Gespräch", was die beiden daraufhin führen, eines, das Schlingensief klar sehen und ihn ruhiger werden lässt.

Wissenschaftlicher Exkurs
„Hilflosigkeit, Kontrollverlust, Autonomieverlust"

Die Diagnose Krebs verunsichert Menschen massiv. Die Kontrolle über das eigene Leben scheint verloren zu sein. Anstatt das Leben autonom gestalten zu können, sind Patientinnen / Patienten gezwungen, sich einem medizinischen System auszuliefern und sich zumeist völlig fremden Menschen anzuvertrauen.

Im Versuch, die Kontrolle über das Leben zurück zu erlangen und die Hoffnungs- und Hilflosigkeit zu überwinden, wird häufig versucht, über Ablenkung, Bagatellisierung oder positive Affirmationen ein Kontrollgefühl über Kognitionen und Emotionen zu erlangen.

Dieses Ankämpfen gegen das Gefühl des Kontrollverlustes und gegen die unkontrollierbaren Gefühle verbraucht allerdings ungeheuer viel Energie und Stabilität stellt sich nicht ein.

---

[76] **Schlingensief, Christoph:** So schön wie hier kanns im Himmel gar nicht sein!;Seite 71

Gelingt es Patienten, in die Haltung der Achtsamkeit und Akzeptanz zu gelangen, so kann die Wiedererlangung eines grundlegenden Kontrollgefühls wieder erlebt werden.

Die Erfahrung, sich auf seine Gefühle (egal, ob positive oder negative) einlassen zu können, sie zu erleben, sie durch eine achtsame Begleitung auch benennen zu lernen, führt zu einer inneren Gelassenheit. [...][77]

Im Zusammenhang mit Schlingensiefs Beziehung zu Dr. Kaiser (siehe oben), möchte ich auf die Begriffe „compliance" (Gehorsams-Orientierung) und „informed consent" (geteilte Verantwortung) eingehen. Beide Behandlungsprinzipien werden von Ärzten kontrovers diskutiert.

„Compliance" ist ein Behandlungsstil, der vom Patienten vorwiegend „Mitmachbereitschaft", wenn nicht gar „Willfährigkeit" im autoritären Sinne verlangt.[78] Diesen Stil bezeichnet man auch als „paternalistisches Modell".

Die eigentliche Entscheidung trifft der Arzt. Beim Patienten kann dies bedeuten, dass dieser sich ausgeliefert fühlt, was bei vorwiegendem Vertrauen zu den Ärzten akzeptiert wird oder aber - bei vorwiegendem Misstrauen - Angst und Widerstand auslösen kann (vgl. Schlingensiefs Reaktion nach dem s. g. „Hardcore-Gespräch" mit Dr. Kaiser, siehe Seite 43 dieser Arbeit).

Faktoren, die die Bereitschaft zur Compliance beeinflussen, sind beispielsweise:

- Sozio-ökonomische Faktoren
  (Armut, Ausbildungsstand, Arbeitslosigkeit)
- Patientenabhängige Faktoren
  (Fähigkeit sich zu organisieren, Vergesslichkeit, Wissen)
- Krankheitsbedingte Faktoren
  (Symptome, gefühlter Nutzen, gleichzeitige Depression)
- Therapiebedingte Faktoren
  (Nebenwirkungen, Komplexität der Verabreichung)
- Gesundheitssystem- und therapeutenabhängige Faktoren
  (Kostenübernahme, Behandlungsmöglichkeiten, Kommunikation)

Mit dem Behandlungsstil der „geteilten Verantwortung" oder der „gemeinsamen Entscheidungsfindung" ist weitestgehend die Selbstbestimmung des gut informierten Patienten gemeint. Therapieentscheidungen werden gemeinsam mit dem Patienten hinsichtlich ihrer Vor- bzw. Nachteile abgewogen, woraufhin dann eine Vereinbarung erzielt wird, für die der Patient dann auch mitverantwortlich ist.[79]

---

[77] **Stepien, Jürgen; Lerch, Johannes (2006):** Achtsamkeit in der Onkologie, Psychotherapie im Dialog 3 – 2006, 7. Jahrgang

[78] **Verres, Rolf** (2003): Die Kunst zu leben, Krebs und Psyche; Seite 126

[79] **Verres, Rolf** (2003): Die Kunst zu leben, Krebs und Psyche; Seite 127

Allgemeiner Überblick
über Belastungen und Anforderungen während der Behandlungsphase

Krise / Ereignis	Persönliche Empfindungen / Fragen	Auswirkungen	Copinganforderungen	Ziele der Patienten	Professionelle Interventionen
Behandlung (Operation, Chemo- bzw. Strahlentherapie)	<ul><li>Schaffe ich das alles?</li><li>Überlebe ich?</li><li>Wie verkrafte ich den Verlust eines Körperteils?</li><li>Muss ich wirklich dieses Gift nehmen?</li><li>Wird die Chemotherapie mir nicht mehr schaden als gut tun?</li><li>Wissen die Ärzte wirklich, was sie tun?</li><li>Was wird aus meiner Freiheit</li><li>Wie reagieren Partnerin / Partner und Freunde?</li></ul>	<ul><li>Angst</li><li>Depression</li><li>Unruhe</li><li>Autonomiebedürfnis</li><li>Furcht vor Intimität und Sexualität</li><li>Angst, nicht mehr mithalten zu können</li><li>Zielstrebigkeit</li><li>Erbrechen und Übelkeit</li><li>Verleugnung</li><li>Verletzbarkeit</li><li>Schmerz</li></ul>	<ul><li>Entscheidung treffen, bezüglich Behandlungsverlauf</li><li>Behandlung als eine Art „Job" betrachten, der erlernt und gemeistert werden muss</li><li>Entwicklung und Aufrechterhaltung befriedigender Beziehungen im sozialen Umfeld</li><li>Konstruktive Auseinandersetzung mit Ärzten, Psychologen, Onkologen etc.</li><li>„Falsche" Denkweisen und Gefühle über-denken und ggf. korrigieren</li><li>Auswirkung von physischer Beanspruch-ung durch die Behandlung in den Alltag integrieren</li><li>Wiederaufbau von Selbstvertrauen nach körperlichen und seelischen Veränderungen</li><li>Kommunikation suchen</li><li>Ängste „herauslassen"</li></ul>	<ul><li>Optimale Behandlungsmethode finden</li><li>Optimale Unabhängigkeit und Kontrolle</li><li>Versicherungsschutz</li><li>Probleme „rund um den Arbeitsplatz" regeln / lösen</li><li>Gefühl der Normalität herstellen</li><li>Die Behandlung durchstehen</li></ul>	<ul><li>Krisenintervention</li><li>Information</li><li>Edukative Maßnahmen</li><li>Unterstützung</li><li>Kognitiv-behaviorale Trainingsprogramme</li><li>Problemlösung</li><li>Physische Kompetenz</li><li>Aktivierung von Ressourcen / Weitervermittlung an andere Professionelle</li></ul>

(eigene Bearbeitung nach Loscalzo / Brintzenhofeszok 1998, in: Tschuschke, Volker (2011), Seite 72)

Krankheitsphasen im Überblick:

I Verdacht auf Krebs und Entschluss zum PET
II Diagnose: Adenokarzinom
III MRT und Weiterbehandlung
IV Operation
V Intensivstation
VI Verlegung auf „Normal"station
VII Wieder Zuhause
VIII Chemotherapie
IX Diagnose erneuter Metastasen
X Erfahrung von Endlichkeit

V Intensivstation

„Man kennt immer nur das Entweder-oder, nie das Alles-zusammen."[80]

Nach einer circa vierstündigen Operation befindet sich Schlingensief in relativ gutem Allgemeinzustand. Die linke Lungenhälfte und ein Stück des Zwerchfells wurden entfernt. Schlingensief kann zwar schwer abhusten und der Rücken tut weh, aber die Operation ist insgesamt – so drückt er sich aus – „sensationell abgelaufen". Er fühlt sich einfach nur „superstolz" und froh, dass „die Sache stattgefunden hat".

Leider weicht diese anfängliche Euphorie, nachdem er alleine mit sich ist. Neue Bedenken, Unruhe, Ängste kommen auf, u.a. auch weil das Atmen ungewohnt ist.

Er fühlt sich einsam, eine Tatsache, die dadurch verstärkt wird, dass es ihm nicht gelingt, in dieser schutzlosen Situation Aino telefonisch zu erreichen.

Akzeptanz des inneren Kindes

„Ich muss aufhören, mich selbst als Einzelkämpfer zu sehen, der alleine durch die Gegend zieht und irgendwelche Schlachten gegen Gott und die Welt schlägt."[81]

Ein Erlebnis in der Nacht, weist – und so deutet es auch Alexander Kluge in einem späteren Gespräch mit Schlingensief - darauf hin, wie sehr er mit seinem „Inneren Kind" kämpft, dem er nicht zugesteht, sich fallen zu lassen, sich traurig, verlassen und liebes-

---

[80] **Schlingensief, Christoph**: So schön wie hier kanns im Himmel gar nicht sein!;Seite 83
[81] **Schlingensief, Christoph**: So schön wie hier kanns im Himmel gar nicht sein!;Seite 85

bedürftig zu fühlen. Um diesen Zusammenhang verständlicher zu machen, schildere ich im Folgenden kurz, was passierte.

In der Nacht nach seiner Operation hat Schlingensief ein „merkwürdiges" Erlebnis. Als er nämlich nebenan ein Kind schreien hört, denkt er „oh Gott, das Kind stirbt, dem geht's auch so dreckig, das ist auch so traurig und verlassen und braucht Liebe". Und er bittet Gott, doch das Kind leben und dafür ihn sterben zu lassen. Als im gleichen Moment seine Anlage, die Blutdruck, Puls und Sauerstoffgehalt misst, Alarm schlägt, denkt Schlingensief tatsächlich, jetzt sterben zu müssen, wird panisch und äußert sofort, dass er doch leben will, betet sogar. Dann hört plötzlich das Kind auf zu weinen und er ist entsetzt, weil er meint, Gott habe – nur weil er doch nicht sterben wollte – das Kind sterben lassen. „So ein Mist", denkt er „jetzt lebe ich und das Kind ist tot".

Nun, was steckt an Informationen in diesem Ereignis? Ein Ereignis, aus dem nicht wirklich klar hervorgeht, welche Teile davon phantasiert und welche real sind.

Gehen wir davon aus, dass das Kind von dem hier die Rede ist, ein Symbol für Schlingensiefs eigenes „Inneres Kind" ist, dann gesteht er diesem (und damit auch sich selbst) nicht zu, sich schutzlos zu fühlen und sich fallen zu lassen, ohne dafür eine Gegenleistung erbringen zu müssen, nämlich den Preis seines eigenen Todes.

Vielleicht wird ihm das mehr oder weniger klar, denn er spricht später von einem Gefühl „tiefen Friedens", den er empfindet, als er aufhört, „die ganze Zeit zwischen sich und dem Kind zu unterscheiden". „Erst als ich verstanden hatte, dass wir beide leben wollen, das wir irgendwie zusammengehören, konnte ich die Bitte äußern, mich fallen lassen zu dürfen."[82]

Dieses Zugeständnis an sich, schwach oder hilflos sein zu dürfen, ist sozusagen die Versöhnung mit seinem Inneren Kind und führt auch zur Versöhnung mit Gott und mit seinem toten Vater.[83] So wie Schlingensief erkennt, dass er sein Inneres Kind nicht vom „erwachsenen Christoph" trennen kann, so erkennt er auch, dass er sein eigenes Unvermögen, sich auch im Zustand tiefster Verzweiflung akzeptieren zu können, auf seinen Vater projizierte, ihm diese Projektion aber nicht weiter hilft.

Schlingensief bewältigt die Situation, in der er sich schutzlos, alleine und hilflos fühlt, indem er aufhört, gegen diese Gefühle anzukämpfen; also „Zulassen" anstatt unnötig Energie darauf zu verschwenden, sich von unangenehmen Gefühlen „abzuspalten".

---

[82] **Schlingensief, Christoph**: So schön wie hier kanns im Himmel gar nicht sein!;Seite 85
[83] **Schlingensief, Christoph**: So schön wie hier kanns im Himmel gar nicht sein!;Seite 84

Wissenschaftlicher Exkurs
„Wie das nicht beachtete Innere Kind in unser Leben wirkt"[84] [85]

Kurz zur Definition: Das „Innere Kind" ist eine modellhafte Betrachtungsweise innerer Erlebniswelten des Seins, Fühlens und Erlebens und bezeichnet und symbolisiert die im Gehirn gespeicherten Gefühle, Erinnerungen und Erfahrungen aus der eigenen Kindheit.

Das Prinzip der beabsichtigten, bewussten, therapeutischen **Ich-Spaltung** zwischen dem beobachtenden, reflektierenden inneren **Erwachsenen-Ich** und dem erlebenden **Inneren Kind** ist die Basis für die Arbeit mit dem Inneren Kind.

Unser Inneres Kind ist vielseitig. Neben Eigenschaften, wie beispielsweise Begeisterungsfähigkeit, Spontanität, Lebendigkeit, Neugierde und die Fähigkeit, sich ganz der Gegenwart hingeben zu können, gibt es auch die Merkmale des Inneren Kindes in uns, die gemeinhin in unserer Gesellschaft als „weniger erfreulich" angesehen werden. Nämlich unsere Verwundbarkeit oder unsere Angst, verletzt und zurückgewiesen zu werden. Eigenschaften eben, die Schwäche vermuten lassen. Auch ist das Innere Kind Symbol für unsere Sehnsucht nach Liebe, nach Anerkennung, nach der Bestätigung, dass wir o.k. sind, so wie wir sind.

Menschen, die als Kind wenig Liebe und Anerkennung erfahren haben und verletzt wurden durch Missachtung, Liebesentzug, Verlassen werden oder Entwertung, sind in ihrem Selbstwertgefühl beschädigt und haben als Erwachsene ein unangemessen großes Verlangen nach Zuwendung durch andere Menschen. Schon wenig Kritik löst die Erinnerung an den Schmerz von Kindheitsverletzungen aus und führt zu übermäßiger Kränkung. Da ist die Angst davor, zurückgewiesen zu werden und nicht liebenswert zu sein. Genau aus dieser Angst vor Zurückweisung mit Liebesentzug tun Menschen häufig all das, was andere von ihnen erwarten. Das wiederum führt dann zur Abhängigkeit vor allem von Partnern. Klammern an den Partner kann zum Ausdruck dieser Angst werden, was der schnellste Weg zum Ende einer Beziehung bedeuten kann. Dadurch wird wiederum das Bild von sich selbst, nicht liebenswert, nicht gut genug zu sein, bestätigt. Ein Teufelskreis! Wer sich mit diesem inneren Kind überwiegend identifiziert, hat es schwer, wirklich erwachsen zu werden und sich wie ein erwachsener Mensch zu verhalten.

---

[84] **Bartning, Peter** (2012): Auf dem Weg mit dem Inneren Kind. Leben im Einklang mit sich selbst.
[85] http://www.aerzteblatt.de/archiv/58215

In Bezug auf Schlingensief möchte ich dazu anmerken:

Er fragt sich beispielsweise, warum er sich nicht einfach mal gemocht habe.[86]

Und dann bemerkt er, dass er doch zuhause bei den Eltern wirklich viel getan habe. Mit seinen Erfolgsgeschichten „herumgeturnt" beispielsweise, „um die Wohnung hell zu kriegen", „Leben in die Bude bringen", „den Vater ein bisschen aus der Depression holen und bei der Mutter für gute Stimmung sorgen".

Was er allerdings vergessen hätte, sei gewesen, sich für seine Arbeiten auch mal selbst „über den Kopf zu streicheln, vergessen, sich zu loben und sich zu sagen „das hast du gut gemacht".[87]

Die Tatsache, dass Schlingensief beginnt, über diese versäumte Wertschätzung seiner Person nachzudenken, ist ein bedeutsamer Schritt hin zur Selbstliebe (auch oder gerade mit all seinen Schwächen). Und in seiner Situation ist Selbstliebe unabdingbar.

---

[86] **Schlingensief, Christoph**: So schön wie hier kanns im Himmel gar nicht sein!;Seite 95
[87] **Schlingensief, Christoph**: So schön wie hier kanns im Himmel gar nicht sein!;Seite 95

Krankheitsphasen im Überblick:

I Verdacht auf Krebs und Entschluss zum PET
II Diagnose: Adenokarzinom
III MRT und Weiterbehandlung
IV Operation
V Intensivstation
VI Verlegung auf „Normal"station
VII Wieder Zuhause
VIII Chemotherapie
IX Diagnose erneuter Metastasen
X Erfahrung von Endlichkeit

VI Verlegung auf „Normal"station

„Und tief drinnen in mir gibt es etwas, das ist saumüde in mir."[88]

Die Verlegung auf die „Normal"station empfindet Schlingensief geradezu als „Triumph" und freut sich darüber, dass auch Professor Kaiser ihn noch einmal „fett lobt", dafür, dass er bei der Mobilisierung so gut mitgearbeitet hätte.

Andererseits stört ihn, dass er hier „dem normalen Alltag" wieder allzu leicht „zugänglich" ist.

Entschleunigen

„Kein Interesse mehr daran, permanent irgendetwas sprudeln zu lassen."[89]

Kaum auf der Normalstation, wird ihm bewusst, wie schnell er ab jetzt wieder Gefahr läuft, in „alte Fahrwasser" zurück zu kehren, sprich: überall mitmischen zu wollen / müssen. Er gesteht sich ein, sich müde und erschöpft zu fühlen. „Ich muss aus allen Sachen raus.", bemerkt er und „Ich brauche vor allen Dingen Schutz. […]Ich will jemandem vertrauen können, der die Sachen in die Hand nimmt und mir sagt: Okay, mach dir jetzt gar keine Sorgen […]."[90]

Er begreift, was da in ihm passiert, ist massiv („[…] das ist in seiner ganzen Fragwürdigkeit, auch in seiner ganzen Einsamkeit, eigentlich nicht zu erklären. Und da brauche ich noch so viel Zeit und ich wünsche mir Zeit.").

„In gute seelische Verfassung" möchte er kommen und dafür sorgen, dass diese stabil bleibt.

---

[88] **Schlingensief, Christoph**: So schön wie hier kanns im Himmel gar nicht sein!;Seite 85
[89] **Schlingensief, Christoph**: So schön wie hier kanns im Himmel gar nicht sein!;Seite 123
[90] **Schlingensief, Christoph**: So schön wie hier kanns im Himmel gar nicht sein!;Seite 120f

Wichtig ist Schlingensief, jemanden zu finden, der ihm kurzfristig die schlechten Momente erklärt und ihn in seiner Selbstliebe stärkt. Und er möchte sich darin üben, sich zurück zu ziehen.

Schlingensief spürt in diesen ersten Tagen auf der Normalstation seine Grenzen, respektiert diese ohne Wenn und Aber und trägt Sorge dafür, dass auch sein soziales Umfeld (sprich: Freunde, Bekannte) diese Grenzen respektiert.

**Wissenschaftlicher Exkurs
„Fatigue"**

Sehr viele Krebspatienten fühlen sich während oder nach ihrer Erkrankung durch quälende Müdigkeit oder Erschöpfung in ihrem Tagesablauf beeinträchtigt. Diese besondere Form der Erschöpfung bei Krebs hat den Namen Fatigue, was im Französischen "Ermüdung, Mattigkeit" bedeutet.

Diese Art Müdigkeit kann nicht durch ausreichenden Schlaf überwunden werden. Teilweise wird dieser Zustand durch die Erkrankung selbst ausgelöst, häufig tritt die Erschöpfung aber auch bei und durch Chemotherapie, Bestrahlung oder Immuntherapie auf. Oftmals hält sie noch Wochen bis Monate über den Behandlungszeitraum hinaus an, was die Lebensqualität Betroffener erheblich beeinträchtigt. Probleme mit der Konzentration und dem Gedächtnis kommen häufig hinzu. [91]

„Das National Comprehensive Cancer Network definiert Fatigue als «ein belastendes, anhaltendes Gefühl von physischer, emotionaler und kognitiver Müdigkeit im Zusammenhang mit Krebs oder einer Krebsbehandlung, welches mit den Alltagsfunktionen interferiert». Eine Initiative der Fatigue Coalition erstellte 1998 erstmals diagnostische Kriterien für die Internationale Klassifikation der Krankheiten (ICD- 10), womit Fatigue in medizinischen Kreisen zu einer anwendbaren Diagnose wurde. Bei einer Konzeptanalyse bei Personen mit Krebs wurde klar, dass Fatigue eine unübliche Müdigkeit darstellt, die sich inhaltlich von der Müdigkeit gesunder Menschen unterscheidet. Der Begriff kann als Sammelbegriff verstanden werden, der eine Vielfalt von Müdigkeitsmanifestationen umfasst, welche sich in überwiegend physische, aber auch in affektive und kognitive Sensationen klassifizieren lassen." [92]

Die Angaben zur Häufigkeit von Fatigue schwanken sehr stark. Eine wichtige Rolle dabei spielen die Art der jeweiligen Krebserkrankung und der Behandlung: Fatigue tritt bei Leukämien, Lymphomen und bei allen fortgeschrittenen Krebserkrankungen besonders oft auf.

---

[91] http://www.krebsinformationsdienst.de/leben/fatigue/fatigue-index.php
[92] **Glaus, Agnes** (2008): Fatigue bei Krebspatienten; Symptomatik, Ursachen und Behandlungsmöglichkeiten, in: Onkologie 3/2008 („Serie Supportivtherapie")

Interventionsstrategien:

- Fatigue wahrnehmen, anerkennen, screenen, messen
- Medikamentöse Linderung der Müdigkeit
- Linderung allgemeinmedizinischer Probleme
- Korrektur Fatigue-erzeugender Ursachen (Anämie (Blutarmut) und andere Symptome bekämpfen)
- Aktivitäts-/Ruhebalance beachten; Bewegung
- „Energiekonto" im Alltag verwalten
- Psychologische, spirituelle, kognitive Interventionen
- Zulassen der Müdigkeit („Coping")

Natur erleben

*„Ich schaue aus dem Fenster und staune,
als hätte ich noch nie Sonne und Wolken gesehen."*[93]

Schlingensief hat das Bedürfnis, aufs Land zu fahren, ein Ferienhäuschen zu mieten, einfach Bäume anzuschauen, Vögeln zuzuhören. Einfach eine Auszeit nehmen, die ihm erlaubt, nachzudenken und sich zu beruhigen.

Auch das ist eine Art des Copings, um Erschöpfung und Müdigkeit zu überwinden.

Natur bewegt sich sozusagen „natürlich" und in keinem Fall „zu schnell" für den Menschen. Sich in die Natur „einzubetten" bedeutet u. a., sich seinem eigenen „natürlichen" Rhythmus hinzugeben und zu spüren, wie wohltuend das sein kann.

Die „kleinen Dinge" zu genießen. Zu erkennen, dass es auf der Welt so viele wunderschöne Sachen gibt. „Das Normalste ist das Schönste".

Schlingensief ist überzeugt davon, dass er seine Autosuggestivkräfte positiv einsetzen kann. „Ich bin ein Teil von dieser Natur", sagt er. „Ich bin ein Teil von diesem Willen, wieder aufzublühen, und das werde ich auch."

---

[93] **Schlingensief, Christoph**: So schön wie hier kanns im Himmel gar nicht sein!; Seite 126

Emotionalität und Spiritualität

„Was ist der Wert des Leidens in der Welt?"[94]

Der Frage nach den Ursachen einer Krebserkrankung bin ich in einem vorangegangenen Kapitel bereits nachgegangen.

Ursache und Wirkung spielen bei der Spiritualität zwar auch eine Rolle, aber es sind hier vielmehr die Sinnfragen, die eng mit der Spiritualität verbunden sind.

Auch Schlingensief setzt sich mit diesen Fragen und der Suche nach dem Sinn auseinander. Fragen wie: „Warum gerade ich?", „Zu was ‚inspiriert' mich der Krebs?", „Ist Krebs eine Krankheit und gibt es überhaupt eine Krankheit?", oder „Ist Krankheit nicht vielmehr einer der vielen ‚Zustände', die zum Leben dazu gehören?", „Was bedeutet Freiheit? Bedeutet ‚Freiheit des Einzelnen' bereits, über sich selbst nachdenken zu dürfen?" u. v. m.

Die Auseinandersetzung mit der eigenen Position im Leben und dem Lebenssinn gibt Sicherheit, Bodenständigkeit, macht stark und verhindert, dass letztlich die Krankheit das Leben regiert.

Wissenschaftlicher Exkurs
„Adaptives Coping und Spiritualität bei Krebspatienten"[95]

Eine spirituelle Grundhaltung bzw. religiöse Praxis kann als Bewältigungsstrategie (Coping) durchaus das Selbstwertgefühl des Krebspatienten unterstützen, seinem Leben einen Sinn geben sowie Trost und Hoffnung spenden. „Spirituelles Wohlbefinden" schützt insbesondere Patienten in finalen Krankheitsstadien vor Depressivität und Verzweiflung.

Eine aktuelle Auswertung, welche den möglichen Nutzen von Spiritualität bzw. Religiosität hinsichtlich der Lebensbezüge (tiefere Beziehung mit Umwelt und Mitmenschen; bewusster Umgang mit dem Leben; besserer Umgang mit Krankheit; Erlangung geistiger und körperlicher Gesundheit; Zufriedenheit und innerer Frieden; innere Kraft) untersucht, bestätigt die Relevanz, die Patienten mit Krebs und anderen chronischen Erkrankungen ihrer Spiritualität zuschreiben.

„Spiritualität bezieht sich auf eine Versöhnung mit all seinen Bedingungen, Situationen und Perspektiven und stellt für die Sinnfindung einen Bezugsrahmen dar.

Von zentraler Bedeutung ist dabei, dass die Spiritualität in ihrer besonderen Bedeutung für die Krankheitsbewältigung und die Sinnfindung auch und gerade in der mo-

---

[94] **Schlingensief, Christoph**: So schön wie hier kanns im Himmel gar nicht sein!; Seite 147
[95] **Büssung, A.; Ostermann, T.; Matthiesen, P. F.** (2008): Adaptives Coping und Spiritualität als Ressource bei Krebspatienten, in: Prävention 02/2008, Seiten 1 - 3

dernen Medizin (wieder) Raum findet. Eine Tatsache, die besonders für Patienten wichtig und hilfreich ist, die sich von der institutionalisierten Religiosität abgewendet, weiterhin aber ein „spirituelles Grundbedürfnis" haben.

Auch wenn man spirituelle Einstellungen und Bedürfnisse selber nicht teilt, sollten sie zumindest in ihrer Bedeutung für die Betroffenen wertgeschätzt werden.

Krankheitsphasen im Überblick:

I Verdacht auf Krebs und Entschluss zum PET
II Diagnose: Adenokarzinom
III MRT und Weiterbehandlung
IV Operation
V Intensivstation
VI Verlegung auf „Normal"station
VII Wieder Zuhause
VIII Chemotherapie
IX Diagnose erneuter Metastasen
X Erfahrung von Endlichkeit

VII Wieder Zuhause

Neben dem Gefühl, froh zu sein, „im eigenen Reich" anzukommen und neben der Freude über die „tolle" gemeinsame Wohnung mit Aino und darüber, dass Aino sich rührend um ihn kümmert, fühlt Schlingensief sich auch „trantütig". Nicht benommen, sondern missmutig und irgendwie leer. Das wiederum erinnert ihn in unangenehmer Weise an seinen Vater, der „nichts mehr genießen konnte".

Schlingensief versucht dennoch, kleine Bereiche der „Normalität" für sich zu gewinnen (zurück zu erobern). Beispielsweise, wenn er – anstatt in einem eigens für ihn angeschafften Krankenbett zu schlafen – es vorzieht, im gemeinsamen Bett mit Aino zu liegen, selbst wenn er dort schlechter atmen kann oder Schmerzen hat, da das gemeinsame Bett zu flach ist.

Er läuft ein wenig durch die Straßen, kauft allerlei Gemüse und empfindet Glück darüber aber auch Mut. „Man wird so ängstlich und schüchtern […]", sagt er. „[…] man schämt sich fast, wenn man krank ist." Und mutmaßt weiter: „Vielleicht weil man an dieser rasenden Gesellschaft nicht mehr teilnehmen kann."[96]

Nachhause kommen ist nicht gleich „Ankommen"

„Ein Horrorgemälde hängt an der Wand."

Man darf nicht darüber hinwegsehen, dass dieses „Nachhause kommen" keines ist, wie nach einer Blinddarmentzündung. Danach kann man nämlich sein Leben wieder aufnehmen, ist man wieder Zuhause.

---

[96] **Schlingensief, Christoph**: So schön wie hier kanns im Himmel gar nicht sein!; Seite 195

Für Schlingensief hingegen bedeutet „Nachhause kommen" erst einmal „nur" eine Art „Zwischenstation", bevor die nächste Behandlung, die Chemotherapie beginnt. Und diese macht ihm jetzt schon zu schaffen. Nicht zuletzt, weil ihm die Gespräche mit den Onkologen immer sehr nahe gehen. Beispielsweise die Äußerung eines Onkologen, der bemerkte: „Wir geben jetzt volle Kanne, es gibt keine Gnade." Er ist zwar durchaus der Ansicht, man solle die Chemo nicht verniedlichen, aber eben nicht so, mit der „Holzhammermethode" darüber reden.

Sein seelischer Zustand verschlechtert sich aus dem Gefühl heraus, gleich drei „Baustellen" zu haben, auf denen er agieren muss. Die erste ist, die OP zu verdauen, die zweite, sich seelisch auf die Chemo vorzubereiten und die dritte Baustelle ist die Frage nach dem „Was kommt dann?".

Ihm wird bewusst, dass das Leben vor der Krankheit vorbei ist. „Ob man will oder nicht, da kommt man nicht mehr hin. Man hat jetzt etwas anderes. Da ist ein neuer Weg und der muss jetzt gefunden und gegangen werden", sagt er.

Allgemeiner Überblick
über Belastungen und Anforderungen während der Remission
(in Schlingensiefs Fall „nach der Operation")

Krise / Ereignis	Persönliche Empfindungen / Fragen	Auswirkungen	Copinganforderungen	Ziele der Patienten	Professionelle Interventionen
Remission	- Ich habe eine zweite Chance, diesmal muss ich es richtig machen - Ich muss eine positive Einstellung bewahren - Werde ich mich unglücklich machen, wenn ich den Erfolg der Behandlung in Frage stelle? - Ich habe es geschafft - Kann ich jetzt zur Normalität zurückkehren und wenn ja, wie?	- Dankbarkeit - Rezidivangst - Erleichterung - Angst, verlassen zu werden (von Partnerin / Partner oder Freunden) - Gesteigerte Beschäftigung mit der Gesundheit - Hypochondrie - Zwangsgedanken	- Das Ende der Behandlung „feiern" - Lernen, damit umzugehen, dass sich das Leben verändert hat - Leben lernen „in Ungewissheit" - Anpassung an Langzeiteffekte der Behandlung - Informationen beschaffen über Möglichkeiten zur Anpassung an die Krankheit und Überleben - Wieder ein „normales" Leben führen	- Physische und psychologische Rehabilitation - Kognitive Schwierigkeiten - Aufbau von Selbstwertgefühl	- Edukative Maßnahmen - Informationen - Unterstützung - Kognitiv-behaviorale Trainingsprogramme - Supportive Psychotherapie

(eigene Bearbeitung nach Loscalzo / Brintzenhofeszok 1998, in: Tschuschke, Volker (2011), Seite 73)

Krankheitsphasen im Überblick:

I Verdacht auf Krebs und Entschluss zum PET
II Diagnose: Adenokarzinom
III MRT und Weiterbehandlung
IV Operation
V Intensivstation
VI Verlegung auf „Normal"station
VII Wieder Zuhause
VIII Chemotherapie
IX Diagnose erneuter Metastasen
X Erfahrung von Endlichkeit

VIII Chemotherapie

Seit Christoph Schlingensief wieder Zuhause ist, hängt die bevorstehende Chemotherapie wie ein Damoklesschwert über ihm. Verständlich, denn gerade im Zusammenhang mit dieser wurde bisher das Leid behandelter Menschen, deren Symptome und deren Lebensqualität nur unzureichend bedacht.

Man muss sich immer wieder klar machen was Chemotherapie bedeutet, nämlich der Einsatz von Zellgiften zur Eindämmung der Krebserkrankung. Da bei dieser Behandlung aber nicht nur das Wachstum der bösartigen Krebszellen gehemmt wird, sondern auch gesunde Zellen geschädigt werden, führt sie oft zu Nebenwirkungen, die die Lebensqualität des/der Erkrankten stark beeinträchtigen können.

Schlingensief widerstrebt es sehr, „dieses Gift in sich reinzukippen". Er bezeichnet diesen Akt als „geradezu pervers". Auch hat er massiv Angst vor den Nebenwirkungen, dem Erbrechen, dem Haarausfall, der Immunschwäche und „anderen Katastrophen".

Schlingensief kritisiert, dass man den Krebs nicht als ganzheitliches Problem sieht. Man müsse doch den Patienten Kraft geben auf allen Ebenen. Den Weg, das sowieso schon geschwächte Immunsystem durch Chemo weiter zu schwächen, kann er nicht akzeptieren. Er mutmaßt, dass man in zwanzig oder dreißig Jahren geradezu lachen wird, erinnert man sich daran, Krebs mit Chemotherapie behandelt zu haben.

Die Tatsache, dass sich Schlingensief gedanklich und auch künstlerisch immer wieder mit Allem was ihn beschäftigt auseinandersetzt, ermöglicht Autonomie und verhindert, dass Gefühle ihn überrollen.

Ein Kind mit Aino

„[...] ein Ausdruck der Liebe zwischen Aino und mir"[97]

Einhergehend mit der bevorstehenden Chemotherapie, durch die Schlingensiefs Spermien abgetötet werden, kommen Gedanken an ein gemeinsames Kind auf.

Für Schlingensief ist der Wunsch nach einem Kind mit Aino eng verbunden mit seiner Liebe zu ihr und auch damit, dass er das Leben liebt und dadurch in der Lage wäre, jemand anderen komplett in den Mittelpunkt zu stellen. „Ein wunderschönes Gefühl: Das Leben braucht neues Leben, und das Tolle ist, dass man es selbst schenken kann.

Ein Kind mit jemandem haben zu wollen bedeutet, sich ganz auf den Anderen einlassen zu wollen, bedeutet, etwas Gemeinsames zu haben, was man (jedenfalls in den meisten Fällen) mit keinem anderen zusammen hat, bedeutet, dass das Leben weiter geht, dass man etwas von sich in der Welt hinterlässt.

Leider erfüllt sich der Wunsch der Beiden nicht.

Sich die Freiheit nehmen, eine Klinik auszuwählen, die zu einem passt

„[...] Wenn Sie also bemerken, dass Sie als Mensch kaum noch vorkommen und das Gefühl nicht loswerden, nur noch fremdbestimmt zu sein, dann beschweren Sie sich. [...]"[98]

Wie schon zuvor erwähnt, ist Schlingensief der Ansicht, man müsse Krebs als „ganzheitliches Problem" sehen. Wohl auch aus diesem Grund hat er sich entschieden, die Chemotherapie in einem anthroposophischen Krankenhaus durchführen zu lassen.

Grundelement der Anthroposophischen Medizin ist die persönliche Arzt-Patienten-Begegnung, aus der das Vertrauen entstehen kann, die verschiedenen Ebenen der menschlichen Existenz umfassend in einer individuellen Diagnose erfassen und in die Therapie einbeziehen zu können. Die Anthroposophische Medizin erkennt die naturwissenschaftliche Medizin zur Erfassung der körperlichen, physischen Ebene des Organismus grundsätzlich an und bezieht den gesamten Bereich moderner Labordiagnostik und apparativer Untersuchungstechniken mit ein.

Im Sinne der Anthroposophischen Medizin kommt durch die Erlebnisfähigkeit des menschlichen Organismus eine weitere, eine "seelische" Ebene in Betracht, die sich in den letzten Jahrzehnten als Psychosomatische oder Anthropologische Medizin etabliert hat. Die "persönliche" Seite des Patienten, sein Krankheitserleben, Befindlichkeit, Selbstbild, Ängste und Hoffnungen - die Gesamtheit seines aktuellen und vergan-

---

[97] **Schlingensief, Christoph**: So schön wie hier kanns im Himmel gar nicht sein!; Seite 200

[98] **Christoph Schlingensief**: So schön wie hier kanns im Himmel gar nicht sein!;Seite 10

genen Innenlebens - hat Bedeutung bei der Entstehung von Krankheit ebenso wie im therapeutischen Prozess.[99]

Die klare, sachliche Art des behandelnden Arztes am Anthroposophischen Krankenhaus in Havel und die Tatsache, dass dieser ihm wegen der Chemo keinen Druck macht, hat eine beruhigende Wirkung auf Schlingensief.

Noch immer hat er seine Tiefs, aber mittlerweile auch wieder Hochs. Er versucht, seine Angst in Dankbarkeit umzuwandeln. Dankbarkeit für den nächsten Tag, die nächste Idee und dafür, dass er Aino an seiner Seite weiß.

Die Chemo beginnt

„Körperlich war es gar nicht so schlimm,
aber meine Seele ist eingebrochen."[100]

Nach den ersten zwei Behandlungstagen geht es Christoph Schlingensief körperlich besser als von ihm erwartet. Der Zusammenbruch kommt am ersten Wochenende zuhause.

Er wacht auf und da ist eine absolute Unfähigkeit, sich „auf irgendeine Hilfsinsel" zu flüchten. Er konnte weder am Schreibtisch sitzen, nicht lesen, keine Musik hören, niemanden anrufen. Selbst Ainos Versuche, ihn aus seiner Reserve zu locken, scheitern.

„Es war wie der Aufenthalt in einer kleinen Hölle, weil ich keine Möglichkeit
mehr sah, zu entkommen oder irgendeine Hoffnung zu sehen. Ich wusste
nicht mehr, wo eine Fluchttür ist, wo etwas Schönes, ein Licht sein könnte,
wo sich irgendeine Zukunft befindet."[101]

Schlingensief räumt durchaus ein, dass bei diesem Zustand Elemente der üblichen Panik und Hysterie dabei waren, aber es sei eben auch ein „völlig fremdartiger Zustand" gewesen.

In diesem Zustand, in dem keine der üblichen Bewältigungsstrategien mehr greift, geht er schließlich auf Ainos Vorschlag ein, ein Beruhigungsmittel zu nehmen, was wiederum auch eine Form der „Bewältigung" ist.

Nach tagelangem Weinen und Wimmern hat Schlingensief irgendwann das Gefühl, sich in seinem eigenen Weinen aufzulösen und in diesem Moment setzt endlich so etwas wie Entspannung ein.

Ein Krankenpfleger bringt es einige Tage später auf den Punkt. Er sagt, der menschliche Körper sei wohl für alles gerüstet, aber nicht für so ein Programm: Diagnose, Untersu-

---

[99] http://www.gaed.de/index.php?id=12
[100] **Schlingensief, Christoph**: So schön wie hier kanns im Himmel gar nicht sein!;Seite 223
[101] **Schlingensief, Christoph** (2010): So schön wie hier kanns im Himmel gar nicht sein!; Seite 224

chungen, Vorbesprechungen, Krise eins, Krise zwei, dann Operation mit Vollnarkose, dann wieder Untersuchungen und Befunde, Heilungschancen hier, Heilungsquote da und oben drauf noch Chemo, Prognose unklar. Für so ein Programm sei der Mensch einfach nicht gemacht.[102]

Auch Schlingensief wird klar, dass es keineswegs verwunderlich ist, dass er unter der Last all dieser Anforderungen zusammenbricht, und diese Klarheit darüber bewirkt, dass er seine Gefühle akzeptiert, anstatt dagegen anzukämpfen, dass er fortan auf sich achtet und behutsam mit sich umgehen wird.

---

[102] **Schlingensief, Christoph**: So schön wie hier kanns im Himmel gar nicht sein!;Seite 226

Krankheitsphasen im Überblick:

I Verdacht auf Krebs und Entschluss zum PET
II Diagnose: Adenokarzinom
III MRT und Weiterbehandlung
IV Operation
V Intensivstation
VI Verlegung auf „Normal"station
VII Wieder Zuhause
VIII Chemotherapie
IX **Diagnose erneuter Metastasen**
X Erfahrung von Endlichkeit

IX Diagnose erneuter Metastasen

Schlingensief scheint fast euphorisch, als er im September nach seiner Operation und der Chemotherapie in der „Kirche der Angst"[103] bei der Ruhrtriennale in Duisburg selbst auftritt.

Er und Aino, seine Partnerin, arbeiten mit neuer Kraft und denken zwei, drei oder gar mehrere Jahre könnten sie das Leben wieder genießen. Gerade dabei wieder ins Leben zurückzukehren, kommt der Schock: zehn neue erbsengroße Metastasen in dem Lungenflügel, der ihm nach seiner Operation geblieben ist. Dass die Metastasen so schnell kamen, ist auch für die Ärzte unbegreiflich.

In einem Interview erzählt Schlingensief über seinen nerven- und kräftezehrenden "Endloskampf" gegen den Krebs, seine letzte Chemo, die "total nach hinten losgegangen" sei, sprich: Riesenallergie, Zusammenbruch, Bronchitis.

Gegen die Metastasen, die weiter wachsen, nimmt er Tabletten, die ihn sehr schlapp machen. Dazu kommt eine permanente Depression, die ohne seine Partnerin gar nicht zu ertragen wäre. Die Liebe zu dieser wunderbaren Frau helfe ihm sehr, aber ihre Beziehung sei natürlich auch von der Situation belastet („man weiß ja nie, was morgen ist"), alles sei ja doch sehr „niederschmetternd", andererseits sei es für ihn das größte Glück, „dass ich das alles reflektieren kann", er brauche das: denken zu können, und auch die Afrika-Sache sei einfach ein „wahnsinniges Glück" ... [104]

Die Aufgabe für Schlingensief wird ab jetzt die sein, weitere Seile loszulassen und einen Weg einzuschlagen, der wahrscheinlich nicht mehr viel zu tun hat mit dem, den er einmal gegangen ist. [105]

---

[103] vgl. **Schlingensief Biografie**, Seite 67 dieser Ausarbeitung
[104] http://**blogs.sueddeutsche.de**/gehtsnoch/tag/schlingensief/
[105] **Schlingensief, Christoph**: So schön wie hier kanns im Himmel gar nicht sein!;Seite 232

Wissenschaftlicher Exkurs
„Rezidiv (Rückfall)"[106]

Das erste Rezidiv ist neben der zu Beginn gestellten Diagnose das am stressvollsten erlebte Ereignis während der gesamten Erkrankung. Vielleicht sogar noch stressvoller, denn in dieser Phase kommt das Gefühl auf, die Erkrankung könne letztlich über die Behandlung siegen.

Betroffene fühlen sich sehr oft betrogen, möchten unmittelbare Behandlung und Heilung, drücken aber gleichzeitig massive Zweifel an der Nützlichkeit der Behandlung aus.

Ärger / Wut gegenüber dem Behandlungsteam – eine typische Affektverschiebung und damit Abwehr gegenüber der Wut auf Gott, dem Schicksal, dem eigenen Körper oder sich selbst – stellt einen Ausdruck von Disstress und zugleich dem Bedürfnis nach Hilfe dar.

Einhergehend mit einem Rezidiv steigt die Ohnmacht darüber, dass der Krebs nicht kontrollierbar und der Tod unvermeidbar sein könne.[107]

Allgemeiner Überblick
über Belastungen und Anforderungen während der Neuerkrankung (Rezidiv)

Krise / Ereignis	Persönliche Empfindungen / Fragen	Auswirkungen	Copinganforderungen	Ziele der Patienten	Professionelle Interventionen
Rezidiv	• Was habe ich falsch gemacht? • War ich so naiv zu glauben, dass alles überstanden sei? • Gott ließ mich scheitern. • Fängt das jetzt alles noch einmal von vorne an? • Habe ich noch einmal genug Kraft für alles? • Ist das jetzt das Ende?	• Angst • Depression • Schock • Hoffnungslosigkeit • Verleugnung • Schuldgefühle • Vertrauensverlust • Gefühl der Entfremdung • Gesteigerte Verletzbarkeit • Kontrollverlust • Konfrontation mit dem Sterben • Sinnsuche • Selbstmordgedanken	• wieder Hoffnung schöpfen können • unsichere Zukunft akzeptieren • neue Situation verstehen lernen • Lebensmittelpunkt wiederfinden angesichts zeitlicher Perspektive und geänderten Prognose • neue Situation mit anderen besprechen • Entscheidungen treffen hinsichtlich neuem Behandlungsverlauf • Integration des progredienten Verlaufs der Erkrankung bis zum Tod • Tolerieren von Veränderungen im Alltag und in den jeweiligen Rollen • sich wieder einstellen auf größere Abhängigkeit	• Realität in das Familienleben und in soziales Umfeld integrieren • Selbstwertgefühl entwickeln • sich nicht „unterkriegen" lassen	• Information • Unterstützung • Edukative Maßnahmen • Kognitiv-behaviorale Trainingprogramme • Physische Kompetenz • Supportive Psychotherapie • Ressourcen zur Verfügung stellen / Vermittlung an andere Professionelle

(eigene Bearbeitung nach Loscalzo / Brintzenhofeszok 1998, in: Tschuschke, Volker (2011), Seite 75)

---

[106] **Tschuschke, Volker** (2011): Psychoonkologie, S. 83
[107] **Tschuschke, Volker** (2011): Psychoonkologie, S. 83

Krankheitsphasen im Überblick:

I   Verdacht auf Krebs und Entschluss zum PET
II Diagnose: Adenokarzinom
III MRT und Weiterbehandlung
IV Operation
V   Intensivstation
VI Verlegung auf „Normal"station
VII Wieder Zuhause
VIII Chemotherapie
IX Diagnose erneuter Metastasen
X   Erfahrung von Endlichkeit

X Erfahrung von Endlichkeit

„Ich weiß ja gar nicht, was mich erwartet", äußerte Christoph Schlingensief in einem Interview in „Bauerfeind" (Kulturmagazin, benannt nach seiner Moderatorin „Katrin Bauerfeind"). Die Tatsache, dass er keinerlei Vorstellung darüber hat, was nach seinem Tod kommen wird oder ob dann überhaupt noch etwas sein wird, quält ihn und lässt ihn noch einmal mehr „am Leben festhalten".

„Jetzt kommt der Tod so nah an einen ran, man weiß nicht, wie es weitergeht. Erstmal leben", sagt Schlingensief. „Ich habe eine Riesen-Todesangst. Ich kann mich nicht damit anfreunden. Aber ich habe auch das Gefühl, ich habe noch das eine oder das andere zu tun, das ich immer machen wollte und nicht gemacht habe."

Es gibt Phasen in denen er versucht, seiner Situation Positives abzugewinnen. „Ich bin froh für jeden Tag, für jede Stunde. Man muss aber würdevoll da sein können. Nicht etwa noch die nächste Chemo, die einem danieder beugt."

Immer wieder redet er darüber, wie schön er das Leben findet, wie glücklich er darüber ist, dass er eine Partnerin wie Aino an seiner Seite weiß und wie unendlich traurig er wird, denkt er nur im geringsten daran, dass ihm das alles genommen werden soll.

„Ich mache mir nicht vor, dass die Arbeit mich am Leben hält. Es ist gut zu denken, dass man gebraucht wird, aber viel wichtiger ist, dass ich in Aino eine Freundin gefunden habe, die für mich kämpft und mich aus dem Bett holt, wenn ich nur noch schluchze. Aino ist so ein Glück, dass ich durchheulen könnte bei dem Gedanken, das je zu verlieren. Ich habe keinen Bock auf Himmel, ich habe keinen Bock auf Harfe spielen und singen und musizieren und irgendwo auf einer Wolke herumzugammeln!"[108]

---

[108] **Dürr, Anke; Höbel, Wolfgang** (2008): Ich habe keinen Bock auf Himmel; in: Spiegel Online, Nr. 51/2008 (http://www.spiegel.de/spiegel/print/d-62603923.html)

Trotz allem resigniert er nicht: „Ich bin dankbar, dass ich jetzt schon diese anderthalb Jahre habe, in denen ich über das Leben und das, was ich gemacht habe, reflektieren kann."

So schnell könne er außerdem nicht sterben. Er habe noch lange nicht abgeschlossen, sei mit sich noch nicht im Reinen. Noch will er sich nicht fallen lassen; er habe noch Kämpfe!

Sein größter Wunsch: in Afrika zu sterben! Dort hätte er immer das Gefühl, zur Ruhe zu kommen. Etwas Spirituelles sei das. Und Aino, die er im August 2009 heiratete, erzählt nach seinem Tod: „Wir haben dieses Abkommen, wenn alles Scheiße ist, wenn gar nichts mehr geht, wenn es so aussieht, dass er klar stirbt, habe ich ihm versprochen, dass wir dann gemeinsam nach Afrika fahren und man hier die letzten Stunden verlebt."[109] Leider ließ Schlingensiefs Allgemeinzustand am Ende nicht zu, dass Aino ihm diesen Wunsch erfüllte.

Schlingensief, sei ruhig eingeschlafen. „Christoph hatte irgendwann den Tod akzeptiert und ich glaube, das ist das Schwierigste und das Größte für einen Menschen, der so jung aus dem Leben gerissen wird", sagte Aino. „Er war ja nie ein Pflegefall, er war immer ganz klar im Kopf und selbstbestimmt."

Solange man über ihn nachdenke, leide er nicht, schreibt Schlingensief (vgl. auch Seite 40 dieser Arbeit). Nun, zum Nachdenken hat er uns wahrlich genug hinterlassen.

Allgemeiner Überblick
über Belastungen und Anforderungen während des fortgeschrittenen Krankheitsstadiums

Krise / Ereignis	Persönliche Empfindungen / Fragen	Auswirkungen	Copinganforderungen	Ziele der Patienten	Professionelle Interventionen
Fortgeschrittenes Krankheitsstadium	▪ Ich habe keine Kontrolle mehr! ▪ Gibt es eventuell doch noch neue Behandlungsmöglichkeiten? ▪ Was mache ich falsch? ▪ Werde ich daran zerbrechen? ▪ Was kommt nach dem Tod? ▪ Ich will nicht sterben!	▪ Angst ▪ Depression ▪ Demoralisierung ▪ Verleugnung ▪ Mutlosigkeit ▪ Das Gefühl, aufgeben zu müssen wächst	▪ Offenheit in der Kommunikation mit Partnerin/Partner, Familie, Freunden ▪ dem Leben, so kurz es auch sein möge, einen Sinn abgewinnen ▪ schöne Momente „dennoch" genießen ▪ Beziehung zum Behandlungsteam aufbauen ▪ Ängste zulassen ▪ medizinische Maßnahmen zulassen	▪ Würde bewahren ▪ „Zukunft" zulassen ▪ Kurzfristige Ziele stecken ▪ im hier und jetzt leben ▪ Unterstützung annehmen ▪ Persönliche Angelegenheiten „ordnen"	▪ Unterstützung ▪ kognitiv-behaviorale Trainingsprogramme ▪ supportive Psychotherapie ▪ physische Kompetenz ▪ Ressourcen zur Verfügung stellen ▪ Weitervermittlung an andere Professionelle ▪ Informieren ▪ Edukative Maßnahmen vornehmen

(eigene Bearbeitung nach Loscalzo / Brintzenhofeszok 1998, in: Tschuschke, Volker (2011), Seite 76)

---

[109] http://www.berlinerliteraturkritik.de/detailseite/artikel/schlingensief-heiratet-mitarbeiterin.html

Worüber wir nachdenken sollten

Am Ende dieser Arbeit möchte ich noch den einen oder anderen Gedanken einfließen lassen, über den wir nachdenken und den wir weiter verfolgen sollten, wollen wir uns eingehender mit der Thematik „Krebs" auseinandersetzen.

Nach einem allgemeinen Diskurs zum Thema Coping möchte ich dazu übergehen, Coping im Kontext von Psychoonkologie zu betrachten.

Coping – Entwicklung und Tendenzen

Krankheitsbewältigung ist der bewusste und zielgerichtete Versuch, erwartete oder bereits bestehende krankheitsbedingte Belastungen (einschließlich der begleitenden emotionalen Reaktionen) auf der kognitiven und/oder Verhaltensebene zu reduzieren, auszugleichen oder zu verarbeiten.

- **„Reduzieren"** bezieht sich auf symptomatische Auswirkungen der Belastung (z.B. Schmerz)
- **„Ausgleichen"** meint das Wiedergewinnen sowohl eines innerpsychischen wie physiologischen Gleichgewichts (z.B. Abbau emotionaler Spannung)
- **„Verarbeiten"** ist auf den Anpassungsprozess ausgerichtet, der durch die Krankheit notwendig wird, sowohl im Hinblick auf das soziale (z.B. familiäre oder berufliche) Umfeld, wie auch auf das medizinische Setting (z.B. Compliance / informed consent)

Die Forschung auf dem Gebiet der *Krankheitsbewältigung* befasst sich mit der zentralen Frage, auf welche Weise und mit welchem Erfolg Menschen eine Erkrankung und die damit verbundenen Belastungen bewältigen.

In der Onkologie, in der erfolgreiche Heilungen oft nicht möglich sind, wird der Krankheitsverarbeitung in vielerlei Hinsicht ein hoher Stellenwert beigemessen. Das Forschungsinteresse gilt einerseits der Frage, inwieweit sich bestimmte Formen der Krankheitsbewältigung auf den *Verlauf* der Erkrankung auswirken; andererseits gilt das Interesse den Auswirkungen der verschiedenen Bewältigungsstrategien im Hinblick auf die *subjektive Anpassung* an die Krankheit und ihre Folgen, was häufig mit den Kriterien der *Lebensqualität* (psychological well-being) gleichgesetzt wird. Schließlich richtet sich das Interesse der Forschung auch auf die Frage, inwieweit man aus den Kenntnissen über die Verarbeitungsprozesse Schlussfolgerungen für konkrete *psychotherapeutische oder psychosoziale Hilfestellungen* ziehen kann und, ob durch gezielte Interventionen bestimmte Formen der Verarbeitung gefördert werden können.

Psychoonkologie und Coping

Im Zuge fortschreitender Erweiterung und Differenzierung in der Diagnostik und Behandlung von Krebserkrankungen wächst das Interesse an der Einbeziehung psychologischer, psychopathologischer und psychoneuro-immunologischer Parameter auf den Verlauf der Erkrankungen.

Der Mensch ist eine Einheit aus Körper, Seelenleben und Geist und in ständigem Fluss der gegenseitigen Wechselwirkungen. So sind nicht allein die notwendigen somatischen Behandlungen einer Krebserkrankung für den Patienten und seinen Krankheitsverlauf von Bedeutung, sondern auch seine Möglichkeiten des Erlebens und Umgangs mit der Erkrankung.

Untersuchungen zum **„Fighting Spirit"** (kämpferische Einstellung)[110] und zur **„Typ-C-Persönlichkeit"** (passiv-abwartende, vermeidende, resignative Coping-Haltung)[111] hinsichtlich ihres Effekts auf die Krebsprogression haben ergeben, dass eine kämpferische Grundhaltung bei Krebserkrankungen eine hilfreiche Bewältigungsform darstellt; manche Onkologen betrachten diese geradezu als unverzichtbar.

Gerade bei Patienten die nicht wie Christoph Schlingensief dem Typ „Fighting Spirit" angehören und daher nicht über genügend Ressourcen verfügen, um mit all den Fragen, Anforderungen und Herausforderungen, die eine Krebserkrankung mit sich bringt, selbst fertig zu werden, ist psychoonkologische Unterstützung gefragt. Eines der Ziele psychologischer bzw. psychotherapeutischer Interventionen ist sicherlich der Aufbau von Bewältigungsmöglichkeiten (Coping).

Ich habe mir während dieser Arbeit oft die Frage gestellt, was wohl Krebspatienten machen, die nicht über die Möglichkeiten Schlingensiefs verfügen, sich auszudrücken, sich ihre Angst von der Seele zu reden / zu schreiben. Wie schafft es jemand, sich von seinen Ängsten, seiner Mutlosigkeit, seiner Ratlosigkeit nicht auffressen zu lassen, ist er schlichtweg kognitiv bzw. emotional nicht in der Lage, diese „nach außen zu tragen", sie sozusagen „zu äußern"?

Genau hier findet man meiner Meinung nach eine der größten Herausforderungen an die Psychoonkologie. Nämlich die, sinnvolle und an die Bedürfnisse jedes einzelnen Patienten angepasste Interventionen anzubieten, die sowohl deren Lebensqualität als auch deren Fähigkeit, sich konstruktiv mit ihrer Krebserkrankung auseinander zu setzen, unterstützen. „Anbieten" bedeutet vor allem, Informationen über bestehende Angebote für jeden Patienten in übersichtlicher Weise zugänglich zu machen.

Abschließen möchte ich diesen Gedanken mit einer Äußerung bzw. Kritik Christoph Schlingensiefs zum Thema Krankheitsbewältigung und deren Mechanismen:

---

[110] vgl. **Glossar**, Seite 70 dieser Ausarbeitung
[111] vgl. **Glossar**, Seite 71 dieser Ausarbeitung

„Grundsätzlich gilt: Jeder Krebskranke darf für sich einen Weg finden. Wenn einer immer die gleiche Schallplatte spielen will bis zum Schluss, ist es okay. Wenn er Qigong oder Yoga machen will, auch. Schlimm ist nur, dass man bei all diesen Therapien und Ratschlägen nicht durchblickt. Dauernd denkt man, hättest du doch bloß dieses oder jenes auch noch gemacht. Wichtig wäre, dass man den Krebskranken rausholt aus seiner Verzweiflung, aus dieser Vertrauenskrise. Die Krankenhäuser sollten einem Helfer vermitteln, die mit einem die Angst besprechen und dir die Mechanismen der Angstbekämpfung erklären. Stattdessen liest man sich fest in diesen Foren im Internet, von denen man sofort noch schlimmer krank wird. [...]."[112]

Eine klare Aufforderung an die Psychoonkologen, der nichts hinzuzufügen ist.

---

[112] **Dürr, Anke; Höbel, Wolfgang** (2008): Ich habe keinen Bock auf Himmel; in: Spiegel Online, Nr. 51/2008 (http://www.spiegel.de/spiegel/print/d-62603923.html)

Was bleibt für mich

Nach dieser sehr intensiven und berührenden Auseinandersetzung mit Christoph Schlingensief, mit dessen Krankheit und Tod, bleibt Vieles in mir zurück.

Wie am Anfang dieser Arbeit fühle ich mich sehr bewegt und habe das Gefühl, anstatt zu einem Ende zu kommen, fängt meine Auseinandersetzung mit dem Thema Krebs jetzt erst richtig an.

Teilweise war ich so vertieft in das, was Christoph Schlingensief über seine Gefühle in so beeindruckender Weise erzählte, dass es mir sichtlich schwer fiel, den wissenschaftlichen Aspekt dabei nicht zu vernachlässigen.

Während ich in Schlingensiefs Gedanken- und Gefühlswelt eintauchte, habe ich Vieles gelernt über all die Dinge die in einem Menschen vor sich gehen, ist er an Krebs erkrankt.

Wenn ich zu Beginn dieser Arbeit dachte sensibel genug gewesen zu sein, um mich mit der Thematik beschäftigen zu können, so wurde ich eines Besseren belehrt. Es reicht nicht, „nur" sensibel zu sein. Nein, man muss sich ganz konkret mit der Situation auseinandersetzen, der Menschen nach der Diagnose „Krebs" ausgeliefert sind. Man muss sehr genau hinhören und mitfühlen, und es ist absolut hilfreich, verliert man sich dabei nicht selbst.

Es geht darum, den feinen Unterschied zwischen Empathie und Sensibilität zu begreifen. Empathie ist ein kompliziertes Wechselspiel zwischen Anteilnahme und Mitfühlen einerseits und Unabhängigkeit und Distanz andererseits – eine Balance sozusagen zwischen Engagement und objektiver Beobachterrolle.

Im Laufe dieser Arbeit habe ich verstanden, dass ich, um einfühlsam im Zusammenhang mit Schlingensiefs Krebserkrankung zu sein, nicht Teil seiner Geschichte sein muss.

Je mehr Fachwissen ich mir im Laufe dieser Ausarbeitung aneignete, desto einfacher fiel es mir, mich soweit von meinen Gefühlen, meinem „Mitleiden" zu distanzieren, dass ich schließlich in der Lage war, das Leid Schlingensiefs zu fühlen, aber nicht gleichzeitig darin zu versinken.

Indem ich versuchte, hinter den Mechanismus seiner Verarbeitung zu schauen, war ich im Geiste bereits dabei, gegen seine Ängste, seine Mutlosigkeit zu intervenieren.

Nur mit einer ausgewogenen Mischung aus Sensibilität, Empathie und Fachwissen (welches in gewisser Weise die nötige Distanz zum Patienten schafft) kann es gelingen, für Menschen mit einer Krebserkrankung eine Art „Fels in der Brandung", genaugenommen „in deren Brandung" zu sein.

> Mit Schlingensief geht es nicht um ein besonderes Schicksal,
> sondern um eines unter Millionen.[113]

---

[113] **Schlingensief, Christoph**: So schön wie hier kanns im Himmel gar nicht sein!;Seite 9

Christoph Schlingensief

Christoph Schlingensief wird 1960 in Oberhausen geboren. Nach zahlreichen Kurzfilmen dreht er 1984 seinen ersten Langfilm „Tunguska – Die Kisten sind da"; es folgen u.a. „Menu total" (1985), „Egomania" (1986) und „Mutters Maske" (1987).

Zwischen 1989 und 1992 dreht er die Deutschlandtrilogie: „100 Jahre Adolf Hitler – Die letzten Stunden im Führerbunker", „Das deutsche Kettensägenmassaker" und „Terror 2000 – Intensivstation Deutschland".

An der Volksbühne am Rosa-Luxemburg-Platz entsteht 1993 seine erste Theaterinszenierung „100 Jahre CDU – Spiel ohne Grenzen". Es folgen u.a. „Kühnen `94, Rosebud" (2001) „Kunst und Gemüse, A. Hipler" (2004) und 2006 die begehbare Installation „Kaprow City".

Außerdem inszeniert er an verschiedenen Theatern unter vielen anderen 2001 den „Hamlet" mit ausstiegswilligen Neonazis am Schauspielhaus Zürich und die „ATTA-Trilogie", die sich aus „ATTA ATTA" (Volksbühne, 2002), „Bambiland" von Elfriede Jelinek (Burgtheater Wien, 2003) und „Attabambi – Pornoland" (Schauspielhaus Zürich, 2004) zusammensetzt.

Mit seinen aktionistischen Projekten außerhalb des Theaters wirkt Schlingensief weit über den Kunstraum hinaus und erfährt internationale Aufmerksamkeit. Im Rahmen der Wiener Festwochen veranstaltet er im Jahr 2000 die Container-Aktion „Bitte liebt Österreich".

Anlässlich der Bundestagswahl 1998 gründet er die Partei CHANCE 2000.

2003 nimmt er mit der „CHURCH OF FEAR" an der 50. Biennale Venedig teil. Es entstehen zahlreiche, viel beachtete Kunstausstellungen im In-und Ausland, u.a. „18 Bilder pro Sekunde" im Haus der Kunst München 2007.

Zwischen 1997 und 2003 arbeitet Schlingensief zudem als TV-Moderator und geht mit den medienkritischen Formaten „Talk 2000", „U 3000" und dem Nicht-Behinderten-Magazin „Freakstars 3000" auf Sendung.

Er inszeniert Opern an verschiedenen Häusern; Höhepunkte sind von 2004 – 2007 Wagners „Parsifal" in Bayreuth und 2007 „Der Fliegende Holländer" in der legendären Oper von Manaus.

Mit seinen unzähligen Inszenierungen, Kunstinstallationen, Aktionen und Ausstellungen mischt sich Christoph Schlingensief über zwei Jahrzehnte unbeirrt in den kulturellen und politischen Diskurs ein und führt in Bezugnahme auf verschiedene Künstler – u.a. Joseph Beuys - Oper, Theater, Film und Aktionen zusammen.

So entwickelt er den *Animatographen*, eine „begehbare Fotoplatte" in Form einer Drehbühne, die eben diese Elemente seiner Arbeit zusammenführt. Erstmalig präsentiert er ihn auf dem Reykjavik Art Festival 2005, es folgen weitere animatographische Installationen, u.a. „*The African Twin Towers*" in Namibia (2005/06).

Seine Themen kreisen beständig um die Frage nach Gott, der Erlösung und dem Sinn aller Kunst. Die Verschiebung seiner Bilder und Gedanken durch seine Krebserkrankung bearbeitet er offensiv in seiner Inszenierung „*Der Zwischenstand der Dinge*" am Maxim-Gorki-Theater (2008), seinem 2009 im Rahmen der Ruhrtriennale uraufgeführten Fluxus-Oratorium „*Kirche der Angst vor dem Fremden in mir*", der ReadyMade-Oper „*Mea Culpa*" am Wiener Burgtheater und zuletzt in Koproduktion mit dem Züricher Neumarkttheater und dem Schauspielhaus Zürich mit „*Sterben lernen – Herr Andersen stirbt in 60 Minuten*".

Große Aufmerksamkeit erfährt sein 2009 bei Kiepenheuer erschienener Bestseller „*So schön wie hier kann es im Himmel gar nicht sein! Tagebuch einer Krebserkrankung*".

Christoph Schlingensief ist Professor für Freie Kunst an der HfbK Braunschweig und nimmt mehrere Lehraufträge wahr, u.a. an der Kunstakademie in Düsseldorf.

2009 ist er Jurymitglied der Berlinale. Er wird mit seinen Inszenierungen mehrfach zum Berliner Theatertreffen eingeladen und erhält zahlreiche Auszeichnungen, zuletzt den Helmut-Käutner-Preis der Landeshauptstadt Düsseldorf. Zudem ehrt ihn das Filmmuseum Düsseldorf ab dem 02. März 2010 mit einer umfangreichen filmischen Retrospektive und Ausstellung.

Er gründet die Initiative „Festspielhaus Afrika", am 8. Februar 2010 ist die Grundsteinlegung für *REMDOOGO*, das erste Operndorf der Welt in Burkina Faso, Afrika.

Mit *Via Intolleranza II* inszeniert Schlingensief mit Künstlern aus Europa und Burkina Faso das erste Stück materialisierter afrikanischer Operndorf-Utopie, das nach Proben in Ouagadougou und Berlin in Brüssel, Hamburg, Wien und München aufgeführt wird.

Zu seinen letzten Vorhaben gehört die Einrichtung des Deutschen Pavillons der Biennale in Venedig 2011.

Am 21. August 2010 stirbt Christoph Schlingensief in Berlin. [114]

---

[114] http://www.**schlingensief.com**/schlingensief.php

Erläuterung verwendeter Begriffe

Adenokarzinom	Als Adenokarzinom bezeichnet man einen bösartigen (malignen) Tumor, der aus Drüsengewebe hervorgegangen ist. Es handelt sich dabei um die histologische (mikroskopische) Beschreibung eines chirurgischen Präparates oder einer Biopsie durch einen Pathologen. Die gutartige (benigne) Zellveränderung von Drüsengewebe nennt man dagegen Adenom.
Compliance	Behandlungsstil, der die Bereitschaft oder gar den Gehorsam eines Patienten voraussetzt, bei diagnostischen oder therapeutischen Maßnahmen zur möglichst effektiven Untersuchung bzw. Behandlung beizutragen (etwa durch gewissenhafte Einnahme verordneter Medikamente oder zuverlässige Befolgung entsprechender Anweisungen). Die Entscheidung trifft der Arzt.
Coping[115]	Aus dem Englischen: „to cope" – „bewältigen" *Lazarus und Launier (1981): Coping als die Gesamtheit aller Bemühungen und Anstrengungen einer Person, die sich in einer wichtigen und auch überfordernden sowie belastenden Situation befindet, in der sie nicht über entsprechende individuelle Anpassungsmöglichkeiten verfügt.* Coping bezeichnet das Bewältigen von Konflikten oder das Fertigwerden mit Schwierigkeiten. Abhängig von dem Ziel, was mit dem Bewältigungsprozess verfolgt wird, spricht man von - problemorientiertem Coping (problem-focused), bei der Person-Umwelt-Bezüge, die Stress erzeugen, beherrscht oder geändert werden sollen oder von - emotionsorientiertem Coping (emotion-focused), durch die Stress geladene Emotionen kontrolliert werden sollen.[116] Bereits bestehende oder zu erwartende Belastungen durch Krisen werden innerpsychisch (emotional/kognitiv) verarbeitet oder durch zielgerichtetes Handeln ausgeglichen, gemeistert und dadurch die Lebensqualität zu verbessern.

---

[115] **Tschuschke, Volker** (2011): Psychoonkologie, Psychologische Aspekte der Entstehung und Bewältigung von Krebs, Verlag Schattauer GmbH, Stuttgart

[116] **Heckhausen, Heinz**: Motivation und Handeln (S.119)

Coping führt zu verschiedenen Verhaltensmustern:

- Realität akzeptieren:
  Die Suche nach Informationen und Erklärungen, Problembereinigung, Herausfinden positiver Aspekte einer nicht behebbaren Krise, sich u. U. einer Autorität unterwerfen, Anweisungen des Experten befolgen
- Realität zurückweisen:
  Verleugnung der Krise, Leugnung bestimmter Anzeichen, Infragestellung der Krise an sich
- Regression auf frühere Verhaltensmuster
  Egozentrik

Coping ist ein kontinuierlicher Prozess, der in Relation zur Belastung steht. Ziel ist die Überwindung der Krise oder die bestmögliche Anpassung.

Der Bewältigungsvorgang stützt sich dabei stets auf ein weiteres Element, auf Ressourcen. Einerseits innerpsychisch auf die Persönlichkeitsstruktur (z.B. als Ich-starke Persönlichkeit), andererseits auf das Umfeld (meist auf soziale Unterstützung).

Die Einschätzung der Situation entscheidet über die Reaktion. Mit anderen Worten: unabhängig davon, ob sich eine Situation verändern lässt oder nicht: Solange der Betroffene noch an die Möglichkeit glaubt, eine Lösung zu finden, wird er aktive Bewältigungsstrategien anstreben.

Die Befähigung von Menschen, Belastungen derart zu verarbeiten, dass sie gestärkt aus der Krise hervorgehen, basiert auf folgenden Eigenschaften:

- Verstehbarkeit (kognitives Verstehen), d.h. Fähigkeit, eine Krise sachlich zu analysieren (Problemanalyse) und damit geordnet und strukturiert eine klare Vorstellung der Krise zu erarbeiten.
- Handhabbarkeit (angemessenes Bewältigen), also eine kreative Bewältigungsfähigkeit unter Ausschöpfung der internen und externen Ressourcen.

Sinnhaftigkeit (inneren Sinn finden), also die Befähigung, der Krise einen besonderen Sinn zu erteilen. Damit wird besonders auch die emotionale, ja psychodynamische Verarbeitung angesprochen, die zur Identitätsbildung beiträgt.

disphorisch (griech. dysphorein = traurig sein); traurige, ängstlich-bedrückte Stimmungslage, die von Aggression und Gereiztheit gefärbt ist

Fighting Spirit	Personen mit ausgeprägtem „Fighting Spirit" sind gekennzeichnet durch Optimismus, Selbstsicherheit und Entschiedenheit bei der Bekämpfung ihrer Krebserkrankung (aktive Reaktion auf Krebserkrankung). Der Aspekt des „Fighting Spirit" ist dem Coping zuzurechnen. [117]
Informed consent	Auch bezeichnet als „Konzept der geteilten Verantwortung". Alle wichtigen Therapieentscheidungen werden gemeinsam mit dem Patienten hinsichtlich ihrer Vor- und Nachteile abgewogen, um einen Konsens darüber zu erzielen, für den der Patient auch selbst mitverantwortlich ist.
kohärent	Zusammenhängend, schlüssig
Korrelationsstudie	Das Hauptmerkmal nichtexperimenteller Forschungsmethoden besteht in ihrem Ziel, einen Sachverhalt möglichst genau beschreiben zu wollen. Es werden die beteiligten Variablen identifiziert und beschrieben. In Korrelationsstudien wird speziell nach deren Zusammenhang gefragt. Der Hauptunterschied zu den experimentellen Forschungsmethoden besteht darin, dass in der Regel keine Kausalhypothesen im Sinne der Erklärung von Wirkzusammenhängen geprüft werden. [118] • positive Korrelation (je mehr, desto mehr) • negative Korrelation (je mehr, desto weniger)
PET	Abkürzung für Positronen-Emissions-Tomographen und bezeichnet ein Verfahren, welches in der Krebsdiagnostik eingesetzt wird. Beim PET nutzt man die Erkenntnis, dass bestimmte krankhafte Veränderungen einen wesentlich höheren Zuckerstoffwechsel aufweisen und stellt diese bildlich dar. Dazu erhält der Patient intravenös eine Zuckerlösung, die mit einem schwach radioaktiven Element, Fluor 18, angereichert ist. Überall im Körper, wo ein erhöhter Zuckerstoffwechsel stattfindet, wird diese Lösung für eine kurze Zeit vermehrt angereichert. Diese Anreicherung sieht der Arzt dann als „bunten Herd" oder, medizinisch gesprochen, „Aktivität" in der Messung. [119]

---

[117] **Tschuschke, Volker** (2011): Psychoonkologie, Seite 86
[118] vgl.: http://www.**lehrbuch-psycholgie.de**/ forschungsmethoden_in_psychologie_und_sozialwissenschaften/ quantitative_forschungsmethoden/examquestions?format=html
[119] Vgl.: http://www.**krebsinformationsdienst.de**/themen/untersuchung/pet.php

Projektion	Sie definiert das Übertragen und Verlagern eines eigenen innerpsychischen Konfliktes durch die Abbildung von eigenen Gefühlen (Empfindungen/ Affekten), Wünschen und Impulsen, die im Widerspruch zu eigenen und/oder gesellschaftlichen Normen stehen können, auf andere Menschen(gruppen), Lebewesen oder auch sonstige Objekte der Außenwelt. Die Projektion wird oft mit dem psychoanalytischen Begriff Übertragung als Synonym verwendet. Allerdings stellt die Übertragung lediglich eine spezielle Form der Projektion dar, in der unbewusste Wünsche und Erfahrungen in einem bestimmten Beziehungsgeschehen reaktiviert werden. Dies trifft besonders auf die Übertragung im therapeutischen Umfeld zu.
Typ-C-Persönlichkeit	Passiv-abwartende, vermeidende, resignative Coping-Haltung. Nachweislich ungünstig mit Krankheitsverläufen bzw. schlechteren Überlebenschancen verbunden.
	Patienten dieses Typs neigen oft dazu, auf Stress mit Depression, Hilflosigkeit und Hoffnungslosigkeit zu reagieren.[120]

---

[120] **Tschuschke, Volker** (2011): Psychoonkologie, Seite 86

Literatur

Allport, G. W. (1974): Werden der Persönlichkeit, Kindler Verlag, München

Bartning, Peter (2012): Auf dem Weg mit dem Inneren Kind. Leben im Einklang mit sich selbst. KREUZ- Verlag

Bluck, S.; Habermas, T. (2000). The life story schema. *Motivation & Emotion, Seiten 121-147*

Brauckmann, W. / Filipp, S. (1984): Strategien und Techniken der Lebensbewältigung. In: Baumann U, Berbalk H & Seidenstücker G (Hg.) Klinische Psychologie: Trend in

Forschung und Praxis. Huber, Bern, Seiten 52-87

Büssung, A.; Ostermann, T.; Matthiesen, P. F. (2008): Adaptives Coping und Spiritualität als Ressource bei Krebspatienten, in: Prävention 02/2008, Seiten 1-3

Dürr, Anke; Höbel, Wolfgang (2008): Ich habe keinen Bock auf Himmel; in: Spiegel Online, Nr. 51/2008 (http://www.spiegel.de/spiegel/print/d-62603923.html)

Glaus, Agnes (2008): Fatigue bei Krebspatienten; Symptomatik, Ursachen und Behandlungsmöglichkeiten, in: Onkologie 3/2008 („Serie Supportivtherapie")

Grom, B. (1992): Religionspsychologie. Vandenhoeck und Ruprecht, Göttingen

Heckhausen, Heinz (1989). Motivation und Handeln (S.119). Springer Verlag, München

James, William: The varieties of religious experience, A Study in Human Nature, New York (1901/02); dt. Die Vielfalt religiöser Erfahrung. üb. von Eilert Herms u. Christian Stahlhut (1997), Insel-Verlag, Frankfurt/M.

Kohröde-Warnken, Corinna (2011): Zwischen Todesangst und Lebensmut; Schlütersche Verlagsgesellschaft mbH & Co. KG, Hannover

Mehnert, Anja; Braack,Katharina; Vehling,Sigrun (2011): Sinnorientierte Interventionen in der Psychoonkologie; in: Psychotherapeut 2011, Springer Verlag

Reuter, K. (2010): Psychoonkologie: Stellenwert, Prinzipien und Behandlungsansätze; Psychother. Psych. Med. 2010; Seiten 486–497

Schlingensief, Christoph (2010): So schön wie hier kanns im Himmel gar nicht sein! Tagebuch einer Krebserkrankung; btb-Verlag in der Verlagsgruppe Random House GmbH, München

Schönberg, Arnold in: Korallenstock – Kunsttherapie und Kunstpädagogik im Dialog (2006); Brög, Hans; Foos, Peter; Schulze Contanze (Hrsg.): Kopäd Verlag, München

Söllner, Wolfgang in: Psychotherapie im Dialog" (PID), Nr. 2/2010, „Psyche und Krebs - Können psychosoziale Faktoren Krebs verursachen oder den Verlauf von Krebserkrankungen beeinflussen?"

Stepien, Jürgen; Lerch, Johannes (2006): Achtsamkeit in der Onkologie, Psychotherapie im Dialog 3 – 2006, 7. Jahrgang

Tewes, U., Wildgrube, K. (1992). Psychologie Lexikon (S.61). München und Wien: Oldenbourg

Tschuschke, Volker (2011): Psychoonkologie, Psychologische Aspekte der Entstehung und Bewältigung von Krebs, Verlag Schattauer GmbH, Stuttgart

Verres, Rolf (2003): Die Kunst zu leben, Krebs und Psyche; Verlag Herder, Freiburg

Weis, J., Boehncke, A. (2011): Psychische Komorbidität bei Krebserkrankungen; in: Bundesgesundheitsblatt - Gesundheitsforschung - Gesundheitsschutz 1 / 2011

Verwendete Internet-Links

http://**derstandard.at**/1220459550838/Es-geht-hier-nicht-um-meine-Leidensgeschichte

http://www.**krebsinformationsdienst.de**/themen/untersuchung/pet.php

http://www.**gesundheit-report.de**/lebensfragen/artikel156/leben-konnen-heist-der-angst-bewusst-begegnen.html

http://www.**krebsgesellschaft.de**/pat_tdm_112011_lungenkrebs_schicksal_leitartikel,201397.html

http://www.**lehrbuch-psycholgie.de**/ forschungsmetho-den_in_psychologie_und_sozialwissenschaften/quantitative_forschungsmethoden/examquestions?format=html

http://www.**schlingensief.com**/schlingensief.php

http://www.**aerzteblatt.de**/archiv/58215
(„Zur Arbeit mit dem Inneren Kind")

http://blogs.**sueddeutsche.de**/gehtsnoch/tag/schlingensief/

http://www.**tumorzentrum-muenchen.de**/patienten.html,
abrufbares Manual: Psychoonkologie